125
ライブラリー
009

高校生が見た
サハリン・樺太

中央大学杉並高校研修旅行の記録

菊地明範・山田篤史 編著

Akinori Kikuchi, Atsushi Yamada

中央大学出版部

はじめに

高校教員の喜びは奈辺にあるか。

それは生徒の成長に関われる点にある。高校教員になった誰もがそういう思いを持っているはずだ。成長段階にある「人」の「変化」に立ち会える喜びは，他では味わえない大きな喜びである。「教師冥利に尽きる」と言ってもよい。そんな喜びをいつも感じていたいものだ。それが高校教員となった者の共通の思いであろう。それゆえ我々は労を惜しまずに働いている。

私たちの学校は中央大学の附属高校の一つである。幸いにして，受験勉強に汲々とせずに生徒の成長を見守れる学校なのだ。この恵まれた環境の中でどのような教育を実践していくのか，「何ができる」のか，「何に取り組んだらよい」のか，そんなことを私たちは常々考えている。

高等学校の中で，修学旅行は工夫しがいのある大きな行事である。本校では「学び」の要素を濃くするために，2003年度以降，「修学旅行」ではなく「研修旅行」と呼んでいる。

本書は中央大学杉並高校の2008年度研修旅行の記録である。その年の研修旅行はコース別で行われた。北海道方面5コースの中に，「サハリン・樺太コース」があった。戦後初のサハリン・樺太への修学旅行として，少しく話題になったものである。この研修旅行に参加した生徒たちは，日に日に変化していった。そう実感できる研修旅行であった。まさに「教師冥利に尽きる」実感を持つことができたのである。

実は生徒の「成長」というよりも，我々教員が「成長」させてもらったことも多い。つまり教員も生徒もお互いが成長したのだ。これは幸いなことだ。本当に稔りの多い研修旅行であった。

私たちが目指したものは，「良質な教育的刺戟の提供」。サハリン・樺太は「良質な教育的刺戟」に満ちている。「知る」ことが自分の成長に関わるということを実感できる「教育旅行」の地である。既存の修学旅行の目的地では得難い「何か」があると，実感することができた。

私たちは何かの「答え」を確認するために旅行を企画したのではない。混沌とした現実の中に振り回される「人」と「社会」をしっかりと認識することが，次の時代を担う若者に必要だと感じているのだ。自分の目で見ること，自分の身体で感じること，自分の頭で考えること，そして自分の言葉で語ること，そんなことを生徒には大切にしてほしいと思っている。「答え」は一人ひとりの中にあればよい。

今回そのサハリン・樺太コースの記録を中央大学「125ライブラリー」の一冊としてまとめられたことを，スタッフとして嬉しく思う。

この研修旅行実現に向けて多くの方のご厚意とご高配，そしてご奔走を忝《かたじけな》くした。まことにありがたいことである。この記録をまとめることにより，その方々のご恩にわずかでも報いることができるならば，幸いこれに過ぎたるはない。

さて，本書を書き進めるにあたり，「南樺太／サハリン」をどう表記するかという問題に言及せねばならない。この問題について，私たちは非常に迷った。日本の国家的な立場であれば，「樺太／サハリン」と呼称するべきなのだろう。外務省のサイトでは「南樺太」と表記されている。

一方，北海道庁は「サハリン事務所」を持っている。稚内市には「サハリン課」があり，現地には「サハリン事務所」もある。唯一の定期航路を持つハートランドフェリーも，「サハリン航路」という名称を用いている。今回の研修旅行では北海道庁・稚内市・ハートランドフェリーの皆様に奔走いただいた。生徒を連れて行くことができたのは，ひとえにこれらの皆様のご尽力のおかげである。たいへんお世話になったのだ。そして我々の行程の中には，現地の学生との交流会もある。ロシアの領事館からも稚内市長からも招聘状をいただいた経緯もある。ロシアとしてのサハリンと日本との関係を意識せずにはいられないという現実がある。

迷った挙句，本書では「サハリン・樺太」と表現することにした。

もちろん，コース選択の折に，生徒にはありのままを伝えた。その呼称さえ定着していない土地に行くのだと。なぜ呼称が定まっていないのか，しっかり理解しなくてはならない。その上で自分自身で判断し，自分でその呼称を定めよと。生徒はぽかんとしながらも，「そういうものなんだ」と認識したことだろう。生徒は煩雑さからか，「サハリン」とだけ言うようになっていった。高校内で配布されるプリントにも，「サハリンコース」とのみ書かれることが多くなっていった。一方で，第3章9節で述べることになる一橋大学大学院教授の水岡不二雄先生の特別講義をうかがって，「樺太／サハリン」と書くことにこだわった生徒もいる。そしてこの呼称へのブレこそが日本とロシアの抱える領土問題を象徴しているということが，生徒全員に伝わったはずである。

羽田空港の集合の時，旅行会社近畿日本ツーリストの添乗員の椙野忠之さんは，生徒に向かってにこやかに，「チームサハリンの皆さん，身体に気をつけて研修旅行に行ってきましょう」と挨拶してくれた。生徒はこの「チームサハリン」という呼び名が気に入ったようだった。

そして，「教育旅行」の地としての樺太・サハリンの魅力を確認することが，本書の目的でもある。すでにこの研修旅行から6年が経過しているのだが，早く行かなくては感じられなくなるモノとコトがある。その思いは強くなるばかりだ。

生徒の成長を間近に感じられた教育実践の一つの記録として，本書をお読みいただきたい。

編著者

目次

第1章

研修旅行の目的地策定

1　修学旅行の実態

中央大学杉並高等学校（以下中杉）は中央大学の附属高校であり，3年生の95％が中央大学に進学する。進学校でありながら受験勉強に縛られずに教育プログラムを用意できることが中杉の最大の特徴である。

修学旅行はそんな教育プログラムの中でも重要な学校行事として位置づけられ，2学年の秋に行われてきた。生徒にとっては3年間で一番大きなイベントであるため，学年スタッフとしては，さまざまな工夫を凝らし準備をするのが習わしになっていた。

それにしても，三百数十名の生徒をバス8台に乗せて連れ回すことは，なかなか大変である。バス8台が連なり，名所・旧跡という点を縫うように延々と移動が始まる。残念ながら，バスに乗ると生徒はすぐに眠りにつく。昨夜の疲れのために，あるいは今夜起きているために。ガイドさんの説明も上の空，バスの最前列に座る教員だけが，ガイドさんの説明に一所懸命相づちを打つことになる。

そんな全体行動の修学旅行に疑問が呈されたのは，いつからだっただろうか。旅行後，白地図に行程を示すことができない生徒が多いことに教員が愕然としたのも，このころである。もう10年近くも前になるだろうか。

函館も札幌も地図に示すことができない生徒たち。覚えていることは，トウキビの味と，どこで食べたかも忘れているソフトクリームの味。そして車窓に見たキタキツネと丹頂鶴。

こんな旅行に教育的な意義を見いだせるのだろうか。そんな反省を踏まえて，教員は5年前から修学旅行を「研修旅行」と名称を変更して，事前・事後学習を充実させる努力をしてきたのだった。

中杉では毎年12月に，翌年の新学年のスタッフが決定する。開校以来，学年を○○期と呼ぶ習慣があるのだが，2006年12月，45回目の新入生，つまり45期を担任するメンバーが決定した。迎える新入生はまだ中学生，受験勉強に追われているころだろう。そんなころ，45期の研修旅行の目的の確定と目的地の策定が始まった。

学年主任の菊地明範を中心にして学年スタッフが議論を重ね，研修旅行で目指したのは「良質な教育的刺戟の提供」であった。生徒が自分の目で見て，自分の耳で聞いて，自分の身体で感じて，自分の頭で考えて，自分の言葉で語り合う，そんなきっかけを用意したかった。能動的な「学び」に繋がるきっかけを提供したいと考えたのだ。答えを確認に行く旅行ではなく，それぞれの疑問を大切にする，そんな研修旅行にしたかった。

ほかの高校ではどうだろうか？　実のところ教員室では，こんな歯の浮くような呼びかけは普通はされないのではないだろうか？　毎日の授業，小テスト，そして球技大会・体育祭・文化祭・音楽祭などの年間行事，その合間を縫うように行われる試験作成と採点，成績処理，それに伴う進路指導，さらに入試に関わる説明会，問題づくりなど，学校現場はこなさなくてはならない業務に追われている。「自分が描いた理想の教育実践」，そんなものは夢と割り切らざるを得ない現実が立ちふさがるのだ。自分はどうして高校教員になったのだろう，そんな問いかけをすることも許されない多忙な毎日なのだ。どこの学校でも事情は同じだろう。

しかし，そんな時だからこそあえて声を大きくして理想を言いたいと，菊地は考えていた。「良質な教育的刺戟」が高校生を啓発していくのだと。

1｜研修旅行の目的地策定

まず候補地としてあがったのは，海外であった。グランドキャニオンを見せたいという意見があがった。折しも，1200メートル真下を見下ろすことができるガラス張りのU字橋（グランドキャニオン・スカイウォーク）ができたというニュースが話題になっていた。「感動は教育の原点である」。グランドキャニオンを推薦した外国語科の教員，滝澤孝は熱く語った。

グランドキャニオン行きが実現すれば，中杉初の海外研修旅行になる。

2｜海外研修旅行の挫折

中杉には，海外研修旅行を行おうとして，三度そのチャンスを失った苦い経験がある。

最初に海外修学旅行を提案したのは34期の学年会，1997年だった。学年主任の増渕哲夫は詳細な資料を提示し，海外修学旅行の可能性と教育的な意義の大きさを示した。長い長い会議になった。しかし，当時の教員会議はこれを否決。理由は「時期尚早」。教員が海外引率のノウハウをもっていないのに300名を海外に引率することに，多くの教員が不安を感じたのだ。当時の学年スタッフの落胆ぶりは，いかばかりであったろう。気合を入れてよい学年を作っていこうというスタッフの意気込みが，出鼻をくじかれる形で頓挫してしまったのだ。このときの残念な気持ちが，研修旅行に対する菊地のこだわりを生んでいた。

その後，2001年から海外研修が始まった。参加希望者を，協力提携を結んでいる韓国の高校やオーストラリアの高校へ引率する研修だ。その後，イギリス，オックスフォードへの研修も始まった。海外への生徒引率を，多くの教員が経験し始めた。「時機到来」と判断したのは40期2003年のことだった。学年主任は45期と同じ菊地が務めた。

コース別で行われることになったその年の研修旅行（この学年から，修学旅行は正式に「研修旅行」と名称変更された。事前学習にも力を入れ，学習の一環としての位置づけをしたことになる）には，「台湾コース」があった。コースはほかに，「京都・奈良コース」，「広島・四国コース」，「屋久島コース」があった。コース別にし，海外に行く生徒数を少なくすることによって，教員会議の賛成を得られたのかもしれない。台湾コースには73名の生徒が申し込み，事前学習が始まった。準備は順調に進んでいた。しかし，実施直前に思いがけない事態が出来したのだ。SARSの流行。これには参ってしまった。せっかくの台湾研修旅行が，不可抗力によりコース変更を余儀なくされてしまったのである。

学年はすぐに代替地の策定をした。飛行機で福岡まで行き，大宰府跡，名護屋城を見たあとに高速船で韓国に渡るという代替案が出された。菊地は韓国で2年教壇に立った経験がある。まだ韓国にはSARSの患者が出ていなかった。日韓線に限られる高速船の航路を用いればSARSの影響はないと判断したのだ。しかし，許可されることはなく，その年の海外研修はすべて中止されることとなった。

2年後の42期は，学年全員で中国に行く計画を立てた。300名以上を海外に連れていくというので万全の体勢で臨もうと，現地視察が二度行われた。学年スタッフの意気込みも高く，1年生のうちから簡単な中国語を学ぶなど，事前学習も着々と進んでいた。45期のスタッフになる山田篤史は上海での下見に参加して，中国の経済成長を目の当たりにした。経済の成長は，街の人々の活気と将来への希望を生み出す。日に日に姿を変える上海の街を見ることで，経済の長期にわたる停滞で活気を失った日本ではなかなか感じることが難しい社会発展の様子を感じ，世界には多くのチャンスと希望が満ちているということを実感できるのではないか。将来を担う高校生たちが若いうちから自分の目で世界を見て感じ考えることは，彼らの人生にとても大きな財産となる。そのような思いで中国研修旅行を準備していた。

しかし，また思いがけないことが生じた。首相の靖国神社参拝をきっかけに，反日の波が中国を覆ったのである。連日報道される反日行動。テレビには上海での暴動の様子も映し出された。不安がる生徒と保護者たち。この年の中国研修旅行も，とうとう中止を余儀なくされてしまったのである。政治や国際情勢に飲み込まれてしまう一市民の無力さを感じるできごとだった。

思えば海外研修旅行は挫折の連続であった。中杉の海外交流会の嚆矢である韓国の外国語高校との交流の実現にも，実に7年もの準備期間を要しているのだ。1996年から取り組み2001年にようやく生徒の交流会実現に漕ぎ着けたものの，いわゆる「教科書問題」が起こり，開催三日前の1本の電話で突然の中止になっている。その翌年，中杉の生徒が韓国に行ったのが，海外への生徒引率の始まりである。そして45期で海外研修旅行，それもアジアではなくアメリカが俎上にあがり，学年主任として菊地はその

45期生の研修旅行候補地についてのアンケート集計結果

	生　徒	保護者
①　北海道地区でコース別	70名	98名
②　九州地区でコース別	82名	91名
③　中華人民共和国（北京）でコース別	11名	10名
④　台湾でコース別	7名	1名
⑤　アメリカ西海岸（グランドキャニオン）でコース別	112名	63名
⑥　カナダ方面	55名	27名

意気に大いに感じたものである。「感動は教育の原点である」，その通りだ。よし，アメリカに行こう，そう思った。

ところが次の学年会で数名の教員からアメリカの治安の不安が払拭できないという意見があがった。不安を払拭する方法が見つからず，グランドキャニオン行きは見送られることになった。「時期尚早」の時に感じた寂しさを再び経験することになった。

2　沖縄研修旅行について

さてそれではどこを巡ろうか？　当然のように沖縄や北海道の名があがった。45期生以前，3年間は連続して沖縄だった。それより以前は前述したように海外の振り替えで九州を中心とした地域だった。そしてその前の修学旅行は長い間北海道で行われていた（9ページの表参照）。

45期も沖縄に行くことになるのか……菊地は複雑な思いで会議を進めていた。

菊地には，沖縄には行きたくないという思いがある。沖縄を研修旅行の目的地にすれば確かに教育的な意義の濃い研修旅行になるだろう。「良質な教育的刺戟」は十二分に提供できる。しかし，テーマが重すぎる。ガマの見学のあとに青い海に入って騒ぐ生徒に対し，どんな思いを抱くだろうか，何と言ってその日のミーティングをすればいいのだろうか。何だか気が引けるのだ。

いや，本当はそんな建前とは異なる個人的な理由によって，菊地は沖縄の地を敬遠していた。

それは大日本帝国陸軍の少年飛行兵であった父が，沖縄要員だったことに起因する。沖縄要員とは，つまり特攻隊員である。特攻隊員として沖縄の海に散華する予定だったのだ。幸いにしてというとかなり語弊があるが，個人としてはまさに幸いにして，父親に順番が回ってくる前に沖縄戦は終結した。そしてその後父親は対ソ要員として満州に配属されることになり，終戦後シベリアに抑留されることになる。帰国は昭和22年。樺太を経由し函館を回って帰国したという。

自分自身の「存在」そのものに関わっている沖縄戦。菊地にはこのテーマが重すぎて，沖縄を敬遠する気持ちがあるのだ。

菊地はこの気持ちを，生前の父親に一度だけ話したことがある。父は険しい表情になることもなく，「沖縄だけが戦争をしたのではない。戦場はどこも地獄である。お前が沖縄にだけ義理立てしていること自体がそもそも不遜である」と，思いもよらない言葉を返してきた。「だけど民間人を巻き込んで地上戦をしたのは沖縄だけじゃないか」，「お前は何も知らないんだな」，そんなやりとりがあった。戦場を知らない息子としては，それ以上，反論も質問もできなかった。ただ敬虔であらねばならぬという思いを強くしたものだった。

そんな思いもあって，学年主任である菊地は北海道方面を主張した。そして，できればバスを8台連ねることなく，コース別に

修学旅行・研修旅行の目的地一覧

修学旅行

年　度		方　面	備　考
1998年 （平成10年） （35期）	5泊6日 （ホテル5泊）	山口，下関，鹿児島	35期から研修的な内容に変更
1999年 （平成11年） （36期）	5泊6日 （ホテル5泊）	北海道 （道東，道央）	
2000年 （平成12年） （37期）	5泊6日 （ホテル5泊）	北海道（道南）	
2001年 （平成13年） （38期）	5泊6日 （ホテル5泊）	北海道（道東）	
2002年 （平成14年） （39期）	4泊5日 （ホテル4泊）	沖縄	

研修旅行

2003年 （平成15年） （40期）	4泊5日 （ホテル4泊）	九州，屋久島，京都・奈良，広島・四国：4コース	旅行地分散方式を初めて実施 SARS流行により，予定していた台湾コースは九州コースに振り替えられた。
2004年 （平成16年） （41期）	5泊6日 （夜行列車1泊） （ホテル4泊）	北九州（壱岐，対馬，長崎）	
2005年 （平成17年） （42期）	5泊6日 （ホテル5泊）	広島・長崎	中国国内における反日抗議活動のため予定していた上海研修旅行は中止となった
2006年 （平成18年） （43期）	4泊5日 （ホテル4泊）	沖縄	
2007年 （平成19年） （44期）	4泊5日 （ホテル4泊）	沖縄	

したい。コース別研修旅行には，40期で培ったノウハウがある。コース別の中には北方領土学習を柱にしたコースを作ることなどを主張した。

コース別にしたいと考えたもう一つの理由は，いわゆる「お客様」扱いになってしまう教員を減らしたいという思いからである。同じ教員でも，研修旅行の係にならないと，コースの策定などに積極的に関わることがなくなってしまう。そうすると，教員が生徒と同じ情報で動くことになってしまうのだ。コース別にすると教員の業務は激増するのだが，ほぼ全員が部屋割りやバスの座席割りなどの仕事をすることになり，訪れる地の予習も積極的に行うことになる。この「お客様」教員を作らないことは，学年運営上大きな意味があると，菊地は考えていた。

また，コース別にすることで，生徒は旅行中に別コースの友人にメールを回すようになる。携帯電話のメールであるが，他者に感動を言葉に直して発信することには，意味があるだろう。少なくとも，移動中を睡眠時間と割り切るよりはましである。

学年会では，北海道方面でコース別に行うことでまとまりを得ていった。

第2章

サハリン・樺太研修旅行までの道のり

1　サハリンに渡れる？

旅行業者によるプレゼンテーションが行われた。その中の一社「近畿日本ツーリスト（以下近ツリ）」が，夕張再生案コースと樺太・サハリンコースを提案してきた。これには驚いた。

「サハリンって行くことができるんですか？」

何も知らない菊地はそんなことを口にしていた。

「稚内から船で渡ることができるんですが，どうでしょう？」

おもしろい，おもしろそうだ，それがその時の第一印象。

「ロシア領なんですよね」

「……ビザが必要です」

ビザが必要な外国。しかも船で渡る外国。これはおもしろそうだ。詳しく話を聞きたくなった。

何度目かの学年会。業者は近ツリに決定した。そして5コースが確定していく。

近ツリの担当者石川貴氏が言うには，フェリー会社（東日本フェリー＝現ハートランドフェリー）の担当者に今昭人さんという熱い人がいて，高校生をサハリンに誘致しようとしているという。今氏の話をぜひ聞いてほしい，今氏がサハリン行きの仕掛け人であるということだった。

菊地は付け焼刃的な学習を始めた。サハリン・樺太。学習を始めて驚いたのは，手ごろな案内書がほとんどないということだ。基本的なガイドブックがない。インターネットで検索しても，ほとんど情報が入ってこない。サハリン・樺太・修学旅行でインターネット検索をすると，なんと戦前の修学旅行，たとえば宮澤賢治が引率した修学旅行がヒットしてくる。入手しやすい資料がほとんどないのが現状なのだ。これにもびっくりした。稚内から定期航路があるにも拘わらず，案内書さえ手に入らない。

それでも，昭和20年当時40万人の日本人が住んでいたこと。サンフランシスコ条約で日本が放棄した土地であるが，日本はロシア領として認めていないため，日本の地図上では白く塗られていること。終戦後に地上戦があり多くの日本人が亡くなっていること。引き揚げ船が撃沈されるという痛ましい事件があったこと。新しい知識が増えていった。そして高校生が訪れる教育的意義が見いだせるかという問いかけには，大きな意義があると答えられるようになっていったのである。教育的刺戟に満ちた土地として，サハリンは私たちの前にあらためて存在し始めることとなったのだ。

1｜今氏と会う

今氏は，「フェリー会社の人間としてこんなことを言うのは憚かられますが」と言いながら，「私はロシアが嫌いなんです」と話し始めた。もともとはフェリー会社の人間ではなかったこと，恩師がシベリア帰りであったこと，大韓航空機墜落事件で友人とその母親を亡くしていることなどを訥《とつ》々《とつ》と語り始めた。それはとても初対面同士の会話ではなかった。ご自身の内面を丁寧にほどきながらお話してくださったのだ。胸襟を開いて話してくださった今氏の自然体に触れ，菊地はうれしくなっていた。

実を言えば，フェリー会社が顧客確保のために高校の修学旅行を誘致しているのだろう，うまくそれに乗って生徒にとって意味のある旅行を計画できればめっけ物だ，という思いが当方になかったと言えば嘘になる。そんな思いをもって臨んだ打ち合わせだったため，どのような美辞麗句が並べ立てられるのだろうかと興味津々，それでいてある程度距離を置くように話を聞き始めていたのだった。しかし，今氏からはサハリンの魅力が語られることはほとんどなかった。ただ，今《いま》が行く時なんだ，新しい「サハリンⅡプロジェクト（天然ガス液化プラント）」などの動きの中にも古いスタイルがまだ残っている今《いま》，樺太時代を知っている人が生き残っている今《いま》が，サハリンに行く時なのだと話してくださった。そして，サハリンについて何も知らない若い世代こそサハリンに行くべきなのだ，と熱く語ってくれた。距離を置いて話を聞いているつもりだったのに，いつの間にか菊地は話にのめり込んでいった。

今氏は日本との複雑な経緯をもつ隣国の姿を見せることによって，高校生の中に何か変化が起きるに違いない，その変化に期待したいのだと語ってくださった。サハリンに関わる大人として，日本の子供たちにサハリンを見せることには意味があるはずだと話は締めくくられた。

菊地は話をうかがっているうちにだんだん興奮してきた。「この人がこんなふうに推薦するサハリン，これなら間違いないな」，そう思うようになっていた。短い時間であったが，「今氏は信用できる」と確信している自分がいた。「よし，サハリン研修旅行でいこう」，菊地はそう決意した。

学年会を経て，教員会議にコースを報告した。反対意見が多く出るのではないかと思ったが，質問がいくつか出ただけで，サハリンコースを含む5コースはあっけないほど簡単に承認された。これでようやく海外研修旅行が実施できることになった。34期から実に11年。海外研修旅行プロジェクトが三度《みたび》，動き始めたのだった。スタッフの意気は揚がった。「いい研修旅行にしよう」，お互いがそう思ったものだった。

2｜コースの策定

旅行社との打ち合わせで決定したのは，5コースだった。それぞれ学習内容が異なる魅力的なコースになったと思う。教員の中で，自分はどのコースがいいかと話題になったほどだ。

生徒には以下のようなコースが示された。

❶道南コース（人数：約80名）

○青函トンネルを通って北海道入り
○函館　・五稜郭　・北方民族資料館
○ニセコ　・アウトドアスポーツ（ラフフティング体験）
　・ロス･フィンドレー氏の講演
○洞爺湖　・昭和新山　・登別地獄谷
○札幌　・市内散策

※青函トンネルを使って北海道に行く。
※ニセコを中心にアウトドアスポーツなどの普及活動をしているロス・フィンドレー氏の話をうかがい，北海道の観光産業について体験して，考えてみよう。

❷道央コース（人数：約40名）

○富良野　・散策
○夕張　・市内視察
　・町興しのプレゼンテーション予定
○洞爺湖　・昭和新山　・登別地獄谷

〇札幌　　・市内散策

［後半を道南コースと合同にする］

※夕張の再生アイディアを出し合って，現地でプレゼンしてみよう。

❸道東コースA（人数：約100名）

〇知床　　・世界遺産探訪

〇標津　　・牧場体験　・カヌー　・アザラシウォッチング

〇根室　　・北方領土学習　・船上視察

・根室半島 野生鹿ナイトウォッチング

〇釧路　　・釧路湿原散策

※北方領土学習を通して国境・歴史について考えてみよう。

❹道東コースB（人数：約100名）

道東Aコースの逆回りバージョン

❺サハリン（南樺太）コース（人数：約20名）

〇稚内　　・散策

フェリーで出国，ロシアへ

〇サハリン　　・コルサコフ　サハリンⅡプロジェクト見学

・ユジノサハリンスク（州都）

・ホルムスク　・熊笹峠

※未知の外国に渡ってみよう。樺太の歴史を考えよう。

3｜下見について

研修旅行に行くために，教員は現地を下見することになっている。さまざまな観点で現地を確認してこなくてはならない，何よりも生徒の安全のために。そして，より有意義な研修にするために。

下見の準備を始めたときに，驚くべき命令が下った。「下見は教員２名で１回で済ますこと。本隊と泊数を同じか少なくすること」。

愕然とした。それは無理だ。こんな形で，海外研修旅行はまた挫折することになるのか……。

かつてコース別で行われた研修旅行では，全てのコースの下見が行われた。生徒の安全のために，それが必然であった。当然今回も，コースごとの担当教員が下見を行うものだと考えていた。教頭とのやりとりが続いた。

「それでは，実質上，コース別はできないということですか」

「そうは判断しない」

「下見に行っていない教員が，本隊を引率することになりますが」

「下見をした教員が丁寧に引率教員に報告するように」

そんなやりとりが何度も交わされた。しかし，下見は２名で１回のみという姿勢は崩せなかった。

どうしよう？　サハリンに渡るには，フェリーに乗らなくてはならない。このフェリーは稚内とコルサコフを往復している唯一の船で，乗ってきた船に乗って翌日帰らなければ，次の便は早くても三日後にしか出ない。最長５泊という定められた日程で，北海道全土にわたる全てのコースを回れるはずがない。

予定しているコースの一つには，列車で北海道に渡る青函トンネル利用のコースも考えていた。

「これはあきらめなくてはならないコースが発生するなぁ」と，菊地は思った。サハリンはインフラの整備が遅れているため，多くの生徒を連れていくことはできない。バス2台は可能であるが，1台に収まる人数が望ましいと言われていた。あきらめるべきはサハリンコースなのか……。下見をせずに連れていけるわけもなく，暗澹たる気持ちになっていった。

近ツリの石川氏に相談した。石川氏はそれほど深刻そうな様子もなく，「できることを考えてみましょう」と軽い口調で言ってくれた。できること？　いったい何ができるのだろうか，できないことを数えたほうが現実的であろうに。結果的に，この石川氏の「大丈夫ですよ」の一言に，いつも助けられることになる。石川氏の先導なくして，この研修旅行はありえなかった。とにかく，石川氏からの連絡を待つことになった。

高等学校の現場というのは，とかく忙しいものである。当然のことであるが，毎日毎日授業をしなくてはいけない。放課後にはクラブ活動の指導もある。土曜の午後も日曜も，クラブ活動に携わることが多い。学校行事は次々に用意されていて，一つ行事が終わると次はこの行事，といった具合。入試問題を作成したりする入試業務も，年間を通して教員を縛り付ける。そんな中で新しい研修旅行を計画していくということ自体が，少々無理な話だったのではないだろうか。経験を蓄積している目的地でいつものように研修旅行をしていれば，負担は少なかったのではないだろうか。

サハリン研修旅行なんて大風呂敷を広げてしまったものの，下見前に頓挫してしまうことになるのだろうか。

石川氏から連絡がきた。「サハリンに3泊4日，これは動かせないので，そのほかの下見を駆け足でしましょう」，そういう提案だった。当たり前といえば当たり前の提案である。秘策でもあるのかと期待していた菊地は，呆然とした。

函館，小樽，札幌，夕張，旭川，稚内，知床，網走，根室，厚岸，釧路。北海道だけでも，目的地がばらばらなのだ。これにサハリンが加わる。「全部回ることはとても不可能でしょう」と言うと，「自動車と飛行機を駆使して，一気に回ってきましょう」と，明るく提案してくれたのだ。大丈夫なのだろうか？　しかし旅行社の人間が行けるというのだから，行けるのだろう。多少の強行軍は覚悟のうえだった。

石川氏から示された下見計画では，まず「列車で北海道に渡るというコースの下見はしない」というアイディアだった。「列車での移動のノウハウは，杉並高校にもあるはずです。駅から駅の移動は，どこでも同じですよ」というものだった。それにしても5コースもあるのだ。これをどうやって回るのか。菊地は不安で悲しくなっていたが，副主任の滝澤が，「大丈夫ですよ，任せましょう」と慰めてくれた。大雑把な行程が記してあるものが，学校に提出された。

そして示された下見案にしたがって2007年8月末，菊地と滝澤は北海道に向かった。強行軍の始まりだった。

4｜下見強行軍

下見は函館山の夜景，函館駅，五稜郭，大沼公園，洞爺湖，熊牧場，ニセコ，小樽運河，札幌市内……と次々に進んでいった。

札幌市内を回ったあと，夕張を目指した。夕張も今回の研修旅行の目玉の一つ。再生のために動き出している夕張という町を，高校生としてどう捉えるのか，そんなことを期待したコースだった。

夕張での打ち合わせもそこそこに，旭山動物園へ急ぐ。足早に動物園内を確認し，動物園を出たのは午後4時を回っていた。そのままハイヤーに乗って稚内を目指した。この日はとにかく朝早くからハイヤーに揺られていた。稚内に着いたのは，午後8時になろうとしたころだった。

途中ハイヤーの運転手さんと下見の行程について話をしていた。サハリンから戻り，稚内から飛行機で新千歳に行き，その後釧路まで飛行機に乗り，そこからまたタクシーで根室に入るという行程。運転手さんは，「そんな面倒なことをする必要はない，私が稚内からこの車で根室に行ってあげるよ」と言ってくれた。しかし，稚内から根室まで約500km，本当にそんなことができるのだろうか。不安はあったものの，陸路で根室入りしたほうが下見の都合上ありがたい，そう判断した3人は，「よろしくお願いします」と，その運転手さんの判断に任せることにした。

JR稚内駅に行く。ホーム上に写真のような掲示があり，いよいよサハリンに行くのだという思いを強くした。

翌日，フェリーに乗り込みサハリンに渡った。プレハブ建ての国際旅客ターミナルは翌年の新装を前に，どこかわびしいたたずまいだった。

船から伸びるはしごのようなタラップで乗船する。なんだか外国へ行くような気がしない。それでもわくわくする気持ちに包まれていた。このわくわく感がうれしい，生徒もここでわくわくするのだろうと思えば，うれしさは倍増してきた。

船は稚内をあとにした。途中でロシア国旗を船上に掲揚すると

稚内の次はコルサコフなんだ！

いうので見に行くと，「掲揚してみますか？」と誘われた。「本番では生徒に掲揚してもらいましょう」というありがたいお言葉。5時間30分かけて，船はコルサコフに到着した。そこに広がる風景は，コルサコフというよりも大泊という景色に思えた。日本時代に造られたままの桟橋の印象からそう思ったのか，あまりにも近い距離がそう思わせたのか，菊地は「外国なのか？」と何度も自問していた。

サハリンで重点的に下見したのはホテル。数軒のホテルを見させてもらった。サハリンの旅行社が勧める学生宿泊施設は安価であったが，とても中杉の生徒が我慢できるような宿ではなかった。セキュリティのしっかりした宿を選ぶのが大変だった。

また，トイレの問題も大きかった。どこに行ってもトイレの数が少ないのだ。団体客の受け入れを想定していないのだろう，「あまり多くの生徒を連れてくることはできないなぁ」というのが二人の結論だった。

それでもヨーロッパと日本時代の面影を残している部分とが雑多な感じに融合している。そこに違和感がない。こんな不思議な風景はそうそうお目にかかれるものではないぞ，これは生徒にとっても刺戟的な目的地になることは明らかだった。二人ともわくわくどきどきしながら下見をこなしていった。

サハリン州の教育庁にも足を運び，教育長とお話することもできた。教育長の机上に飾ってあったサハリン州の州旗が気になった。サハリン州の旗はサハリン島の形をそのまま写し取っているものだが，その中に国後・択捉・色丹・歯舞まで描かれている。この州旗を生徒に見せたい，菊地はその州旗はどこで手に入るか尋ねた。教育長は机上の旗をそのままプレゼントしてくれた。お礼を伝えながら，菊地は複雑な気持ちになっていた。なにしろサハリンの下見の後は，根室へ行って道東コースの「北方領土学習」の下見をすることになっているのだ。

しかしこの複雑な気持ち，これがいいのだ。この複雑な思いを生徒と共有しなくてはいけない。生徒は事前学習で，「日本はサハリン南部をロシア領とは認めていないこと」を学ぶ。サハリン南部が地図上で白抜きになっている事情も，理解するだろう。そのうえサハリンに「日本総領事館」があることも学ぶのだ。サハリンの都市と姉妹提携を結んでいる日本の市町村が，十指に余ることも。

そしてその地に自分で立ってみて何かを感じる。これはいい刺戟になりそうだ。下見を続けるうちに，研修旅行の厚みが増していく実感に包まれていった。

サハリン州の教育長からいただいたロシア国旗（左）とサハリン州旗。

サハリンの下見は，毎日朝早くから細やかに行われた。突然「ここも見てみたい」と言い出すクライアントに，ロシアの旅行社の方々も驚いたことだろう。

復路の船では，さまざまなことを考えた。事前学習の必要性，何をどのように学ばせればよいのだろうか。そんな教員としての役割の重さに息苦しくなるくらいだった。そして，先人はこの海をどのような思いで眺めたのだろうかと想像していた。菊地は復員してくる父親の姿を重ねていた。

稚内に上陸し，市内を視察した後，くだんのハイヤーで根室までひた走ることになった。菊地も滝澤も，1日にこんなに自動車に乗った経験がない。途中で見たサロマ湖の夕陽，親子連れの鹿，それ以外は漆黒の闇だったような気がしてくる。とにかく500kmの道のりをひた走りに走ったのだった。

根室では市役所の方に丁寧に案内していただき，もう一つの大きな柱である北方領土教育関連の視察も，大成功のうちに終えることができた。

菊地と滝澤はフラフラになりながらも確かな手ごたえをもって，東京へと向かう飛行機に乗り込んだ。明日から始まる新学期で，生徒に何をどう伝えていこうか。それぞれ思いを描きながら，飛行機は羽田へと向かった。

第3章

事前学習

1　事前学習の始まり

2007年9月19日LHR（授業時間内の学級活動の時間。週に1時間，学年主導で何を行うかを定める）に研修旅行の第1回説明会が開かれた。ここで生徒には5つのコースが説明された。それぞれのコースにそれぞれの魅力があるように，コースは設定された。担当する教員もほぼ決まり，事前学習が始まっていった。サハリンコースにはどれくらいの人数が希望するのか，まるでわからなかった。「多過ぎても困ってしまうなぁ」と，漠然と考えていた。多過ぎたら抽選するしかない。バス1台で移動することしかできないのだから，仕方がないことだ。一方，「もし希望者が少なかったらどうしよう」という思いがなかったかと言えば嘘になる。参加希望者がまるでなければ，このコース自体が消滅する。多過ぎても困るし，少なくても困る。そんな不安の中，生徒に希望者コースのアンケートが行われた。この時点でサハリン行きを希望した生徒は35名であった。10月10日のコース決定に向けて，各教室にはパンフレットや地図が備えられるようになった。

学年のブログにも写真がアップされ，それぞれのコースについて解説され始めた。

どんな言葉で生徒にサハリン行きを誘ったかというと，まずはハートランドフェリーからいただいたポスターにあった「一番近いヨーロッパ」のコピーだった。このキャッチコピーは生徒に受け入れられたようだ。「そうか，ヨーロッパなのか，船で行けるヨーロッパなのか」と。「先生，本当にヨーロッパなんですか？」と尋ねてきた生徒もいた。

あるいは，「日本で地上戦があったのは沖縄だけではないんだよ，樺太も市街地で戦争があったんだ。どうして沖縄のことはみんな知っているのに，樺太のことは知らないんだろうね？　住んでた人が少なかったのかな？　でも40万人もの人が住んでいたんだよ」，はたまた「この機会を逃すとおそらく生涯サハリンには行くことないよ」と，事に触れて話をしていた。

問題意識を啓発したいという思いから，以下のような問いかけもしてみた。「どうして地図では白抜きになっているんだろう」，「40万人の人がどうやって引き揚げてきたと思う？」，「間宮林蔵って知ってる？」。

生徒はLHRの時間のみならず，授業の導入や昼休みにもそんな問いかけをされることになった。やがて，日本に一番近いヨーロッパは，日本の立場としてはロシア領とは言えないこと，しかしながらそこには日本総領事館があること，そして悲しい戦争があったことなどを，全生徒がぼんやりと知ることになった。

フェリーの時刻表には稚内からコルサコフまでの航路が記載されていたのだが，その地図にはちょうど北方四島の位置にマトリョーシカの写真が添えられていた。この絶妙なレイアウトについても解説しながら，生徒に時刻表が提示された。

「歴史に振り回された市民の存在，日本という国家としての考え方，そこで生活している人々の思惑，さまざまな立場を学んでサハリンを自分の目で見に行かないか？」，「今でないと見えないものがあるはずだよ」，「もう少し経つと見えなくなってしまうものもたくさんあるんだ，一緒に見に行こうよ」――菊地の古典の授業はいつもサハリンの話から始まっていた。

そして教員特有の挑発的なやや意地悪な口調でいつも話は締めくくられる。「でも〈答え〉は自分で探そうね」。

プレゼント用に作った日めくりカレンダー。

2007年のクリスマス，『日刊宗谷』に「サハリンの見学旅行へ」，「初のケース，歓迎」，「定期航路拡大に新手掛り」という見出しで中杉の記事が掲載された。学年の中でも，この研修旅行に対する思いがだんだんと増してきたものだった。また，年末に数人の教員と生徒で日めくりカレンダーを購入し，写真のような台を手作りで拵え，研修旅行でお世話になる方々へプレゼントした。日めくりの10月6日のページには，「中央大学杉並高校45期生来訪」と書いて。

2月13日のLHRでは，NHKのTV番組プロジェクトX「国境を越えた救出劇／大やけどコンスタンチン君・命のリレー」を鑑賞した。1990年8月，ソビエト時代のサハリン州の州都ユジノサハリンスク市で3歳のコンスタンチン君が大やけどを負い，同州知事が北海道知事に，治療のために移送用飛行機の派遣を要請してきた。28日午前9時前，第1管区海上保安本部のYS11機が，この男児をユジノサハリンスク市から札幌市の丘珠空港に緊急搬送した。この超法規的措置の救出劇のドキュメンタリーである。生徒は，飛行機を飛ばすことがどうしてそんなに困難なのかという素朴な疑問をもちながら視聴し，日本とソビエトの関係を少しずつ理解し始めたようだった。

1 | 外務省出張授業について

学校では，教科教育とは別に，さまざまな学習活動がある。先述したLHRの時間がそれに当てられるのだが，年間に数時間，学年の裁量で企画運営できる時間がもてる。これまでの学年でよく行われていた企画に，外務省主催の出張授業がある。外交官が来校し，外交官の仕事内容や諸外国との付き合い方などを生徒に話してくれる講座である。

菊地は研修旅行の事前学習として，この出張授業を利用しようと考え，外務省へ依頼のメールを送った。「ロシアとの外交について」の話をしていただきたい旨，以下のように依頼した。

> 本校では，2008年10月に研修旅行（4泊5日）を行います。2年生337名を5コースに分けて北海道方面に行く予定です。200名程度が根室を訪れ，北方領土を目の当たりにすることになります。また，稚内からサハリンに渡る生徒が40名程度おります。学習目標として，「領土問題を知る」，「隣国を知る」というテーマがあります。この機会にロシア外交について専門家のお話を聞くことができれば，本校の生徒にとって良質の刺戟になり，教育効果も上がると確信しております。

どのような返事が来るのか期待しながら連絡を待ったのだが，外務省からはとうとう返信が来ることはなかった。このことは，スタッフをずいぶんとがっかりさせた。理由を詮索しながら，「高校生に1時間でそんな難しい話，してくれるわけないよ」と，お互いを慰めるしかなかった。

2｜課題映画と推薦映画

第1学年が終わろうとする学年末，生徒には「課題映画」と「推薦映画」が紹介された。研修旅行5コースに関わる映画を教員が選び，生徒に視聴させようという試みだった。「課題映画」4本を生徒は必ず視聴し，感想文の提出も課せられた。そして「推薦映画」は興味のある生徒が見られるように工夫した。

研修旅行事前学習——映画で知る北海道

課題映画

1. 北の零年（169分）…………………北海道開拓史として
2. 幸福《しあわせ》の黄色いハンカチ（108分）
   ………………………………道央コース。夕張を学ぶ
3. 海峡（142分）……道南コース。青函トンネルを学ぶ
4. 樺太1945年夏 氷雪の門（以下「氷雪の門」，120分）
   ………………………………サハリン・樺太コース

推薦映画

5. 駅（132分）
6. 遙かなる山の呼び声（124分）
7. 子ぎつねヘレン（108分）
8. 家族（107分）
9. 男はつらいよ～知床慕情～（107分）
10. 男はつらいよ～寅次郎忘れな草～（99分）
11. 男はつらいよ～夜霧にむせぶ寅次郎～（102分）

推薦映画について，春休み中に2本の感想文を提出することが求められた。これらの映画は全てDVDを学校で購入し，上映会

を開くことにした。凝りに凝ってDVDのジャケットをコピーし，上映案内に貼り付けて生徒に配布したり，教室に貼り出そうと準備をしていたところ，「情報」という教科を担当する教員から，「これは著作権に触れるのでやめてほしい」とストップがかかった。「生徒に著作権について授業を行っているのに，学校が著作権を侵すことはできない」という。本来は上映会もやってはならないということだった。

学年スタッフは，あらためて著作権について学ぶことになった。DVDの発行元に尋ねたりすればするほど，上映することは難しいということを学んだ。生徒には，レンタルビデオなどで借りて自主的に視聴することを勧めるようになっていった。

あとで述べることになるが，「氷雪の門」だけは「学校内でなら何度でも上映してよい」，「ポスター掲示も構わない」と上映委員会からお墨付きをいただいた。

また，教員は「映画スタンプシート」というものを作り，スタンプを集めると文房具がもらえるなどと謳《うた》って，生徒の視聴を促した。「昔のラジオ体操のようだ」と教員は笑い合った。

3｜「氷雪の門」を観た生徒の感想

サハリン・樺太を描いている映画「氷雪の門」。この映画は昭和20年の平和な樺太の生活を描き，突然のソ連侵攻によって日常が戦場と化していく姿を丹念に描いている名作である。真岡郵便局で自決した9人の乙女とその家族を中心に描かれているのだが，多くの登場人物が実にあっけなく殺されていくストーリーは，あまりに酷く衝撃的である。この作品に，生徒は次のような感想を書いてきた。

▶この映画を見て，自分たちはもっと，自分たちの祖父・祖母，または曽祖父や曽祖母の世代が体験した戦争というものに，たくさんの関心を寄せるべきではないかと痛感しました。この映画では日本人たちの悲劇が描かれていて，確かにソビエト連邦が多少なりとも憎いといった感情は生まれましたが，こんなことは日本だって植民地を手に入れたりするときに軍事においてやってしまったこともあると思うので，少し虚しくなりました。現在ソビエト連邦はロシアに変わりましたが，決して北方領土問題は解決したわけではないので，こうやって亡くなっていった人々のためにも，自分たちも一人の日本人として，この問題に興味を抱かなくてはならないし，またロシアと日本がきちんと話し合って，できるだけ早期の解決をしてほしいと思いました。このように戦争の犠牲になった人々はもっとたくさんいると思います。そのうえで今の自分たちが幸せに生活しているということを噛みしめてしっかりと一日一日を生きていきたいです。

▶終戦後に攻めてくるなんて彼女たちにとっても，今歴史の一つとして見ている私にも信じられないことだと思った。電話交換手は真岡の人たちにとって大事な存在だったはず。だからこそ最後までそこに残っていなくてはいけなかったのだと思う。ソ連が攻めてくるというのは誰も考えられなかったと思う。

また映画の前半は彼女たちの日常風景（食事・音楽など）が描かれていたので，あんなに楽しそうだったのに…とさらに無念さが募った。彼女たちの裏では軍人として戦っている男の人たちの姿も描かれていて緊迫感があり，町の様子も家族のやりとりも描かれていたため，本当に戦争は嫌だなぁと感じられた。

▶見ていて泣きそうになりました。たくさんの人がソ連の手によって虐殺されてしまい，もしこれがフィクションならやりすぎだと文句を言うところですが，実話なのが本当に辛いです。出てくる人はみんな殺されてしまって，なんて救いのない話なんだろうと思いました。無抵抗な女性や子供を背後から撃ち，領土を乗っ取るなんて人間のやることとは思えません。あまりにも悲惨で思わず目を背けたくなるほどでした。こんな惨劇が実際に起こったのだと思うとおぞましいです。日本はソ連の圧力に負けないでもっとこの映画を―氷雪の門の惨劇を国民に広めるべきだと思います。確かに反ソ的な内容なので，ソ連が公開中止を求めるのもわからなくはないですが，かといって殺された人々や9人の電話交換手たちのことは忘れられてはいけないはずです。青酸カリを飲んで死を選んだ9名の乙女たちの中で最年少の人は私たちと同年代くらいです。ソ連の侵攻作戦の真っ只中に最後まで通信連絡をとり命を失った彼女たちのことをもっと多くの人に知ってもらいたいです。DVDの入手も困難なようなのでもっと多くの場所でたくさん上映会が行われるようになればと思います。できればテレビで放送してほしいです。

▶戦争への怒りが真っすぐに伝わってくるような作品でした。肯定はしませんが，ソ連が上映中止を求めるのもわかる気がしました。戦争の，いや戦争後のありのままの現実を隠すことなく映しているからです。見る前と見た後ではソ連（当時の）への見方が変わってしまう人も少なからず…いや，たくさんいるに違いないと思います。

この映画がこんなにもリアル感にあふれているのは，前半の穏やかなシーンがあるからだと思います。スポーツや音楽などで楽しんでいる，戦争のない今となっては日常的なシーン。そんな普通の人間を描いているからです。戦争で死ぬのは男—つまり兵隊だけではないということ，最後の最後まで自分の役割を果たそうとした人たちがいたということ，そんなことを学べました。

最後のシーンが忘れられません。「皆さん，これが最後です。さようなら，さようなら」いろんな人，たくさんの人に観てほしいと思いました。

▶東京では毎日のように空襲があったと聞くが，樺太では空襲もなくわりと平和な場所だったはずが，いきなりソ連が攻めてきたので，人々は予想もしないことに襲撃されてしまったのです。電話交換手をしていた9人の女性は，疎開命令が出たにもかかわらず，国のために自らの仕事を守ろうとしました。死ぬことを覚悟してその場に残った彼女たちの姿に驚かされました。

北海道に修学旅行気分で何も知らないで行ったら，それは失礼です。少しでも北海道の歴史を学んでおかなければならないと実感しました。

▶この映画の中に，「終戦したはずなのに攻撃を続けるのか，国際法を踏みにじる気か」という日本側の主張に対して，「負けた国に国際法などない」とロシア側が言い返す場面があり，私はこれに衝撃を受けました。こんなことが本当にあっていいものなのかと思います。

「国際法」というものに関する知識があるわけでもなく，自分が日本人ということもあるかもしれませんが，このシーンにはとてもショックを受けました。

▶戦場でも高い軍事力をもつロシアを前に抵抗する余地もなかっただろう。戦車での侵攻を生身の人間が止めることができようか。そんな激しい状況でありながらも，通信局の人々は最後まで自分の仕事をやり遂げた。「私たちがいなくなったら，樺太中の通信が途絶える」そう言って残ることを決意した。その強い意志を学ぶことができた。

▶樺太での戦争が，ここまでひどい戦争だとは思わなかったから，見ていてすごくつらかったです。樺太から逃げようとしている人たちがみんな死んでしまって，あまりにも人の死んでいく展開が速くて悲しかったです。

この映画を見て戦争というものの怖さを改めて実感しました。でも私はサハリンコースで，氷雪の門に行けるので楽しみが倍増しました。研修旅行前にちゃんとこの映画を見ることができてよかったです。

▶泣くべきか泣かぬべきか迷った。というのは，私が今堪えている涙というのは何の涙なのか判断をつけかねたからである。「氷雪の門」はなぜ公開されなかったのか――それを考えながら鑑賞していたが，さすがにソ連軍の一言とそれ以前のエピソードのシーンでは，目を逸らしたくなった。白旗を揚げ敗北を認めた日本兵が惨殺される瞬間。そして「負けた国に国際法はない」という一言。

戦争が続いていたならば。戦時中だったならば，それは惨殺とは呼ばず，戦争の一部のある陰惨な事件として片付けられたかもしれない。しかし，それは侵略だった。不可侵条約を破っての侵略だった。これについては誰も否定できまい。

この映画をより広く知ってもらうべきであるという意見に私は反対しない。けれども怖い。

アジアの国々がかつての日本の残虐を忘れないように，我々も忘れるべきではない。知っておくべきである。今秋サハリンに行くならば特に知っておくべきである。ただ，憎しみの先には何があるのか。この映画を観た日本人はソ連を憎むだろう。だが憎むべき対象が最早この世にいない今，私たちは何をすべきだろう。そこに憎しみはあるだろうか。

この映画が作られてから34年が経つ。今になって「氷雪の門」を上映しようという動きがおこっているようだ。安易に左右される現代人にこの映画を見せたところで一体何が起こるというのだろう。この映画の上映を希望しているのは，やはりこの世代の人々が中心である。そういった状況をみても，上映後の反応が想像できる。

本当に戦争は忘れ去られるかもしれない。私はそれに関われる最後の世代かもしれない。

▶昔は男の人＝強い，女の人＝弱いという感じだと思っていたけど，女の人も本当に強くて感動した。戦争は人の性格も変えてしまうのかなと思った。「お母さん」の気が狂ったときすごく恐かった。みんな血だらけだし，ボロボロだし，私ももしあのような場にいたら耐えられなかっただろうし，おかしくなってたと思う。ただ，いくら戦争の映画を見てもあまり現実味がないし，「昔の日本」という実感はあまり湧かない。でも「皆さん，これが最後です。さようなら，さようなら」という言葉，本当に悲しかった。

4｜事前学習シートファイル

研修旅行の事前学習が進むにつれて，生徒が感想や意見を書き残していくシートが増えていった。そのシートをファイルしておく「事前学習シートファイル」が4月30日に完成した。コース

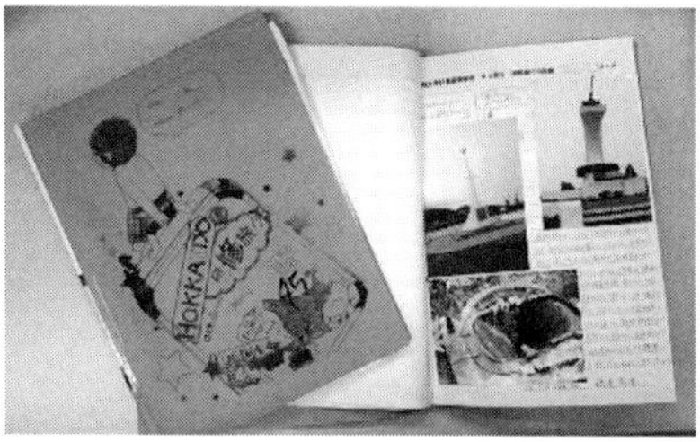

サハリンコースのファイル。写真を添えて記録を残せば完成となる。

別に色分けし，サハリンコースは赤色のファイルだった。色を決めるときにも，「サハリンは旧ソビエトだから赤でいいね」，「道南コースは夕張があるから『幸せの黄色いハンカチ』にちなんで黄色にしよう」などと，和気藹々と会議で楽しく決められていった。

また，このファイルは連絡事項などの書類も挟み込んでゆくことになり，いわゆる研修旅行の栞の役割も果たすことになる。研修旅行の栞というのは，印刷した後に手直しする箇所が見つかることが多く，その都度訂正をしたり，栞とは別刷りの資料が配られることになる。ファイル形式にしたことによって，そのような煩わしさから解放された。書類は何度でも差し替え可能になり，どんどん増やすことができるようになったからだ。生徒は事前学習の時間にはこのファイルを持って，コース別に定められた教室に移動することになった。色別のファイルはコースごとの連帯感を強めるのに一役買ったといえよう。

2　今昭人氏の講演会

4月23日，ハートランドフェリーの今昭人氏の講演会が開かれた。今さんの情熱を生徒に直に体感してほしいという思いで，菊地はお忙しい氏に無理にお願いしたのだった。今氏は快諾してくださり，生徒の前で1時間お話しくださった。

静かに口を開いた今氏は，あの時と同様に，「私はロシアが嫌いです」という衝撃的な言葉から講演を始めた。生徒はどういう反応をしていいのかわからず，戸惑いながらも今さんの話にのめり込んでいった。講演内容はサハリンだけに限らず，北海道の話にも及んだ。多くの生徒が今さんの真っすぐな話し方に感銘を受けていたようだった。

恩師がシベリア抑留経験者であったこと，友人の家族が大韓航空機撃墜事件で亡くなったことなど，自らの体験を訥々と話してくださった。ロシアの否定的な側面を隠さずに示し，ロシアに対して憎悪の感情がある一方で，現在の仕事でロシアとの関係を保っていく必要性を感じていることなど，複雑な感情をまっすぐに伝えてくださった。生徒は，目の前の大人がさまざまな経験を通じて割り切れない複雑な感情を抱いていることを感じ取ったことだろう。「無知が差別や誤解を生む。歴史を知り，異なる価値観や風習，文化を学んで過去を乗り越える力をつけてほしい」というメッセージはしっかりと生徒に届いた様子だった。

1｜今氏の講演をうかがった生徒の感想文

▶私が生まれたのは，ソ連が消滅して三日後のことである。私が物心ついたころからロシア連邦は「ロシア」なのであって，祖母が使う「ソ連」という呼称にはなかなか慣れなかった。そもそも幼い私には，なぜ同じ国なのに違う呼び方をするのかという単純な疑問しかなかった。しかし，周囲の大人がときたま使う「ソ連，ソ連」という言葉には当時から不愉快な印象を抱いていた。どうしてソ連って呼ぶの。どうして今の名前で呼んであげないの。

「ソ連」が長かったせいなのだろうとそのときは納得していた。

今回の今さんのお話をうかがって，大人の間にはやはり複雑な心境があるのだろうとあらためて感じさせられた。今さんの懸命な様子に研修旅行への意欲をかきたてられた。

私は10月サハリンに行く一人である。そして今回行くことに，生理的な嫌悪感や複雑な心境は抱いていない。私は平成生まれであり，かつてその大国がソ連であったことを実感として知らないからである。ソ連という国は歴史の中の国で，話は聞くが，どうしても心の底からソ連を嫌うことや憎むことはできない。

お話をうかがった後に，この世代だからこそ見ることのできるサハリンがあるのではないかと思った。それが良いことなのか悪いことなのかは知らない。私は私の目線と経験からしか物事を見ることができないが，これからサハリンへ行き見て感じてくることが，ロシアのみならず今後の他国との関わりを考えるときの重要な軸の一つになれば良いと思う。海外が初めての私にこの経験はどんな影響を与えるのだろうか。

正直な目をもってサハリンに行きたいと思う。

▶旧ソ連のことは歴史の教科書やインターネット，テレビや本など，客観的な立場から冷静に描かれた“事実”や“過去”しか知りませんでした。体験談などとはいっても何だか真実味がなくて，特に気にも留めていませんでした。しかし今さんのお話を聞いて，旧ソ連の行ったさまざまな問題が本当はとても大きなものであり，何年経っても人々の心に傷を残していたのだと痛感しました。個人の心の傷のみならず，北海道とサハリンの冷たく深い溝も，なかなか消えてはくれないのだとも思いました。

コンスタンチン君のことだって，いろいろと不十分な面がたくさんあったのではないでしょうか。人の命が関わってやっと少し距離が縮んだわけなのですから，北海道とサハリンの間にいかに大きな距離があったのかがわかります。

今さんのリアリティあふれるお話が聞けたのは，本当に良い機会でした。私は今回の研修旅行ではサハリンには行かないし，これから先行くかもわかりません。日本と外国の溝を身をもって感じることはできません。しかし，今回のようなお話を聞けたことや，これから調べるであろうこと，またサハリンを訪れた友人たちからの話などが，私に何か大きなことを学ばせてくれるでしょう。そこから，自分で考え何か発見できればいいし，はっきりとした意見をもてれば，それはとても素晴らしいことだと思います。傷はいつかは癒えてくれます。傷痕は残るけれど，そんな日が来ることを願います。

▶43kmってどれくらいなんだろう？　天気が良いときは肉眼で見ることができるサハリンなのに，私たちはパスポートを用いなくては行けないし，言語も文化も違う。そういえば，神様が人間が協力して天まで届く高い塔をつくっているのに嫉妬して，それぞれ違う言語にしてしまったという話を聞いたことがある。もし世界中が同一言語だったら，どうなっていたのだろう。そんなことを考えながら，今さんの話をうかがっていた。

お話はすべて，自分がサハリンコースを志望した者だからか，とても興味深いものだった。大韓航空機の事件は，初めて知ったことだった。そんな大きな“事件”の被害者の関係者がここにいることに驚いた。「心の中のどこかで，まだソ連を憎んでいる」と今さんはおっしゃっていた。“事件”だけではなく，そんな境遇にいる人なら，それは当然だろう。それなのにハートランドフェリーのお仕事に就いて活動している。はたして私が同じ立場だったら，そんなふうに動けるだろうか（今さんの就職理由は，ご自身では深い意味はなかったとおっしゃっていたが）。

また，「知らないことは罪だと思うこともある」ともおっしゃっていた。今さんは知的障害をもつ20歳の方を例にあげていたが，それは他人が彼は6歳までの知能しかもっていないということを知らず，20歳のつもりで話しかけることが「罪」かもしれないという意味で言っていたのだと思う。だけど，どうしたら救われるのだろう。私たちは毎日罪を重ねていくばかりだ。その罪を実感したあとに動いたら，正解（なんてあるわけないが）なのだろうか。

私たち自身から勉強していかなくてはいけない。受身ではだめだ。10月の研修旅行はもちろん，これからもそのことを念頭において動いていけたらいいと思う。

▶今回パワーポイントに映された北海道とサハリンの地図を見て，あらためてほぼ40kmという距離的な近さを感じた。しかし，それと共に，自分の中でサハリンという場所がとても遠い存在であるのも強く感じ，何か複雑な気分だった。また，サハリンを自分にとって距離と同じように近しくなるように学びたいと思う興味が少し湧いた。

今さんのお話の中にあった終戦後にサハリンに残された人々の話は，以前の学習の中で聞いたことがあるような気がするが，興味が湧いてきた今，再び聞くと「40万」というのはとても大きな数字である。後の1946年の12月の条約によってでも帰国が許されなかった4～500人の人々の数も，40万に及ばないまでも，人々の気持ちの重みとしては，40万に勝るほど大きなものなのだろうと思った。また1983年9月1日に起こった大韓航空機撃墜事件については，まったく初めての知識で驚いた。269人の被害者が出，しかもそのうちの27人が日本人であるという事実に，少しショックを受けた。この事件で国と国の関係が悪化したのは言うまでもないことと思うが，ハートランドフェリー社が「洋上供養船」を出して被害者の方々を供養していることは，少なくとも両国の友好関係の回復に力を与えたことだと思う。

今現在でも，領土問題や歴史的な問題において，日露の関係は完全に良好だといえるわけではないと思うが，「洋上供養船」の活躍や，以前に観たコンスタンチン君の救出といったことは，国との関係を回復しようというがんばりだったんだろうなと思う。

今回の話を聞いて，北海道とサハリンの関係がもっと深くなればいいなと思った。

2｜講演会その後

講演を終えた今氏は，生徒の感想をぜひ聞きたいと菊地に依頼し，生徒の感想にもすべて目を通してくださり，研修旅行当日は，札幌の樺太記念館で生徒と対応してくださった。

その後，「サハリン通信」という名でサハリンのことを細かく伝えてきてくださった。今氏からの「サハリン通信」は学年のブログで紹介され，周知が図られることになった。

今氏は研修旅行の直前の9月5日（2008年）にも来校してくださった。菊地はその日のブログにこう記している。

> 今日，ハートランドフェリーの今さんと北海道庁の交通企画局の方と稚内市のサハリン課の方が来校した（お忙しいところ，遠路ありがとうございました！）。多くの方が，私たちの研修旅行を

意義深いものにしようと力を尽くしてくださっている。

「大人は高校生に何を期待しているのだろう…」

そんな素朴なことを考えてしまう生徒も多いと思う。

きっぱりと言おう。大人は高校生の「学び」に協力したいのだと。「熱い思い」が，さまざまな人を動かしているのだ。

この研修旅行の取り組み（北海道地方コース別）について，北海道知事もご存知なのだそうだ。

今まで中杉で多くの研修旅行が企画・実施されてきた。しかし，事前に現地の方がこんなに多く学校を訪れてくれたことはない。この研修旅行を学びの機会として，しっかりと認識してほしい。感じてほしい，多くの人たちがこの研修旅行に向ける熱い思いを。

3　サハリン通信

中杉の45期スタッフが開いていたブログがある。担任の教員はだれでも書き込めるようになっていた。生徒や保護者の多くが，毎日このブログをチェックしていたと思われる。そのブログに，ハートランドフェリーの今昭人氏から「サハリン通信」という名で寄稿された文章がある。サハリン通信は14回を数えた。

❶ 2008年5月14日

サハリン関連の話題やニュースを定期的に（不定期になるかも⁉）提供します。まず，第1段です。

ウィンドサーフィンで海峡越え！

稚内とサハリンは直線距離にして43km。この宗谷海峡をウィンドサーフィンで渡った人がいました。その人は，フランスのプロサーファー，アーノルド・ロネー（当時38歳）さんです。昭和59年（1984年）に行われました。しかしロネーさんは日ソ両国に許可を受けていない密出国でしたので，稚内の関係官庁はこれを防止しようとしました。彼は8月1日を出発日と発表していましたが，裏をかいて試走と見せかけ7月31日午後1時に突然浜に戻り荷物を摑むとそのままサハリンへ向かいました。この時，帆にはソ連旗と日の丸が描かれていたそうです。ロネーさんは，4時間半後には無事にサハリンに到着し，ソ連側では英雄として歓迎されたとのことです。（今昭人）

❷ 2008年5月15日

東京で食するロシア料理

上京するたびに，人気のあるロシア料理店に行くことにしています。醬油・味噌をこよなく愛する自分ですが，食文化も知らなければと半ば義務的に（といえば大げさですが），毎回緊張しながら食しています。

ペルニア（ロシアの餃子）なんかを食べると，中国と大陸続きであることを実感します。ボルシチよりは豚汁と感じている自分ですが，神田小川町のロシア家庭料理レストラン「サラファン」のボルシチはおいしいと思いました。

料理も個人の好みによりますから，すべての人が共感できないでしょうが，ボルシチが本当は嫌いな自分が，心底おいしいと思っているのは「サラファン」のボルシチだけです。今後も上京するたびに新しい味を探してみます。（今昭人）

▶サハリンコースに参加する生徒に限らず，ロシア料理を経験してみるのもいいですね。お店の宣伝になってしまいそうですが，私もこの店には学生のころ何度か行きました。神保町の古本屋回りのあと，ピロシキやボルシチに舌鼓を打ったものです。なんだか懐かしいなぁ。中央大学はもともとこのお店のすぐ近くにあったのですよ。 （菊地）

❸ 2008年5月16日

国際交流は挨拶から

サハリンでは6歳から17歳まで同じ学校に通います。1年生から12年生まで同じ校舎で学び，卒業後は大学あるいは専門学校，就職と，それぞれの選択することとなります。日本の一貫教育的な学校のイメージとはかなり異なります。それぞれメリットとデメリットがありますので，ここではあえて触れません。ただ，北海道とサハリン州の青少年交流事業（隔年で行ったり来たり）で訪れて来たサハリンの子供たちを見たとき，家庭的な印象を受けました。

国際交流の一番大切なことは，学生の交流だと思います。今回の研修旅行では行程の関係で公式に交流できるかまだ未知数ですが，言葉を覚えて街角で挨拶なんかしたら，あとは身振り手振りでどうにかなるもんです。少し，ロシア語覚えませんか!?　お勧めのロシア語講座のHP（ちなみに僕はこのページを見つけただけで，活用していません！）http://www.otarucci.jp/rosia/rosia.html （今昭人）

▶役立つ情報を毎日ありがとうございます。私も4月からNHKラジオ講座「まいにちロシア語」を聞き出したのですが……現在挫折中です。このページでがんばります。 （菊地）

❹ 2008. 5. 23

ロシア人の風邪の治し方！（ほんの一例）

①「ウォッカ」を飲んで寝る！　さらに，そのウォッカに「胡《こ》椒《しょう》」を入れれば効果絶大。

②生のニンニクと玉ねぎを食べる。しかし，丸かじりは難しいので，刻んでサラダに入れて食する。

③レモンを食べる！　ビタミンCの補給。

④ミルクティーを飲みつづける。ミルクをたっぷりと入れた紅茶を飲んでいると喉が良くなる。

⑤蜂蜜をたくさん舐めて，寝る。蜂蜜を舐めて，すぐ寝ると汗が吹き出して翌朝には治っているとか。

（今昭人）

❺ 2008年5月26日

キャビア

世界三大珍味の一つ（注意：とんぶりではありません）。誰もがロシアのお土産というと思い浮かぶものがキャビアです。チョウザメの卵で世界三大珍味の一つです。ふたの色には3種類あり，赤→黄→青という順番で高級となります。色によって，それぞれのチョウザメの名前がついています。

赤＝セヴリューガ：小粒で産卵まで4-5年ぐらい。

黄＝オショートル（ルースキー・アセトラ）：12-13年ぐらい。

青＝ベルーガ：最も大粒のキャビアで産卵まで18年ぐらい。

ちなみに，2年前にサハリンを訪れた際に，「一度でいいからキャビアを食してみたい」と言う老母のために最高級のベルーガを土産として買ってきました。老母はひとさじ食して「あとは孫に食べさせてあげてくれ」と言うので，自宅にもって帰りました。

次の日，楽しみにしていたキャビアがありません。何と愚息が夜中腹がすいたと，いくら丼ならぬキャビア丼で平らげたのです！　それから，二度とキャビアは買わないと決めました。　（今昭人）

❻ 2008年5月28日

ロシアの国旗

　赤地に金の鎌と鎚《つち》，5つの星がデザインされた旧ソ連時代の国旗は廃止され，帝政ロシア時代の三色旗（上から，白，紺青，真紅）が復活しました。この三色旗の歴史は，1705年にピョートル大帝が商船用に着用を義務づけたことに始まります。

　この3色はそれぞれ象徴的な意味をもっています。白は「高潔」「率直」，青は「忠誠」「誠実」「完璧」「純潔」，赤は「勇気」「大胆」「献身」「寛容」「愛情」を表現しています。それぞれの色の意味を，私は最近知りました。　（今昭人）

❼ 2008年6月11日

サハリンの清涼飲料水「クワス」

　クワスは，ロシアの夏の風物詩といえます。黒パンを発酵させて作ったやや甘い味のするビールのような飲み物で，ノンアルコールです。町中では「KBAC」の文字が書かれた黄色いタンクに入れて売られています。また現在はペットボトルに入ったものも売られています。　（今昭人）

❽ 2008年6月16日

宮澤賢治とサハリン航路

　数多くの童話や詩を残し，思想家としても有名な宮澤賢治。賢治とサハリン。一見，何の脈絡もないようですが，彼の代表作である「銀河鉄道の夜」は，賢治がサハリン滞在中にひらめいた発想をもとに書かれていると言われています。未完に終わったとはいえ，銀河の中を蒸気機関車で旅するという壮大なスケールで書かれた「銀河鉄道の夜」は，読む者の心を摑んで放しません。

サハリン南部が「樺太」として日本の領土だったころ，彼は北海道・稚内より「稚泊航路」で樺太に渡り，落《オチ》合《アイ》（現ドーリンスク）近くの白鳥湖（現レビャージエ湖）まで足を運んでいます。賢治がサハリンへ渡った理由は，教え子の就職依頼とされていますが，他界した最愛の妹の魂と交信するためだったという説もあります。いずれにしても，彼が帰郷後に「銀河鉄道の夜」の執筆に取り掛かったことから考えても，サハリンでの体験が，この物語の中に生かされていることは間違いないようです。

賢治がサハリンへ渡った稚泊航路と同じく，稚内からコルサコフ（旧：大泊）へ向かい未だに賢治が訪れたころと変わらぬ景色を残す白鳥湖，そして夜空に輝く銀河の星に訪れた者は，何を感じるのでしょうか？ （今昭人）

▶今さん！　いつもありがとうございます。

宮澤賢治の作品は青空文庫でも読むことができます。「春と修羅」の中には「オホーツク挽歌」という名で括られる5編の挽歌が収められています。そのうち「オホーツク挽歌」「樺太鉄道」「鈴谷平原」が樺太での作品と言えるでしょう。『日本近代文学大系〈36〉高村光太郎・宮沢賢治』（角川書店）の頭注には，

> 「死」とはいかなる現象であるかということを徹底的に追求して，亡妹に対する心構えを確立しようとするのが，この詩章全体を貫く主題である。

と説明されています。注釈なしはツライという人は，図書室で注釈つきの「春と修羅」を探してみてください。（菊地）

❾ 2008年7月17日

九人の乙女

日本テレビ開局55周年特別ドラマ「霧の火 樺太・真岡郵便局に散った九人の乙女たち」（8月25日午後9時放送）

【ストーリー】 終戦後に中立条約を破棄し南樺太に侵攻してきたソ連軍に対し，職務を全うしようと郵便局にとどまった女性電話交換手9人が追いつめられ自殺を図った……。ドラマは生き残った女性が当時を孫に語る構成。その女性を市原悦子（72），少女時代を福田麻由子（13），孫を香里奈（24）が演じる。

【キャスト】 上記のほか，白石美帆，市川由衣，名取裕子，向井理など

【主題歌】 「思ひ」（松山千春）

9人の乙女の悲劇のほかにも，旧樺太・恵須取町（現ウグレゴルスク）大平地区の炭鉱病院で退路を断たれ，思い詰めた17-32歳の看護婦23人が集団自決を図り，6人が絶命した事件など，調べれば調べるほど戦争という悲劇を繰り返してはいけないのだと思います。

被害者・加害者意識をもたず，平和の大切さや価値観や意識の違い，情報の収集の大切さや情報のあいまいさ等，偏見による差別なども含めて，観てもらえればと思います。47歳の中年おやじも観ます。一緒に平和の尊さを感じ取りましょう。（今昭人）

▶この夏休みに積極的に事前学習をして，一人ひとりにとって意味のある研修旅行にしましょう。「見ようとしなければ見えない

モノ・聞こうとしなければ聞こえない声」，世の中はそんなもので満ちている。あなたの目は開かれていますか？　あなたの耳は開かれていますか？　あなたの魂はどうですか？　（菊地）

⑩ 2008年8月1日

ダーチャ

ロシア語の「ダーチャ」は，日本語では「別荘」と訳されています。ロシアへ渡航経験がない人にとって「別荘」と聞くと，ロシア人は意外といい生活をしてるのでは？と思う人がいるかもしれません。

しかし，一般のダーチャというと，日本人が考える，軽井沢にあるような立派な別荘ではなく，郊外の作業小屋もしくは掘っ建て小屋みたいなものです。郊外に少しの土地を買って，そこに自前で小さな小屋を建て，ジャガイモ，トマト，にんじん，玉ねぎなどの野菜などを作ります。これらを酢漬けなどにして，冬の間の保存食とします。ちなみにダーチャの菜園で作られて野菜が，バザール（自由市場）にも出回っている場合もあるようです。

近年，日本の別荘に近いダーチャも増えているようです。自然いっぱいのダーチャは，家族の団らんだけでなく，友達を招いて1日ゆっくりするのにもいい所です。近くを散策するも良し，水着姿で日光浴をするも良し，シャシリーク（ロシア式バーベキュー）に取れたて野菜で食事をするも良し。経済的にゆとりのある家では，バーニャ（ロシア式サウナ）があり，疲れを癒します。

（今昭人）

▶「ダーチャ」，ちょっと魅力的ですね。サハリンコースの生徒は見ることができますよ。　（菊地）

⑪ 2008年9月10日

▶ハートランドフェリーの今さんから教えていただいたサイトを紹介します。私たちの行程と重なる部分がありますのでぜひ見てください。（菊地）

一橋大学の水岡ゼミのHPアドレスは下記です。

http://econgeog.misc.hit-u.ac.jp/excursion/06Karafuto/index.html

http://www1.vecceed.ne.jp/~t-kozuka/sub528.htm

http://www2u.biglobe.ne.jp/~y-makoto/sub1.htm

予備知識がないと見えてこない風景が広がっていますよ。あと一《ひと》月《つき》，がんばって学びましょう。

それから稚内市のサハリン課からも情報をいただきました。市のサハリン事務所に気温などの話を聞きましたので，お伝えします。気温は最低で10度以下，晴れていれば最高で25度ですが，晴れていなければ20度を下回ります。ユジノサハリンスクの人は薄着に重ねて，上着を着ているようです。

稚内もそうですが，全体的に湿度が低いため寒く感じますので，そのあたりだけお気を付けください。（今昭人）

⑫ 2008年9月19日

中年おやじの願い

4月23日に中杉の体育館にて，皆さんに話させていただいた際の感想文を，今回菊地先生からいただき，寝不足気味でがんばって読ませていただきました。いろいろな取り方があるもんだと感じ，あらためてコミュニケーションの難しさを痛感しました。多くの生徒さんが「無知が差別を生む」という言葉にインパクトを覚えたようで，本来の営業（これでも一応営業マンです）と違うかな？　いや，大丈夫だ！と自問自答を繰り返してます。

大人は子供に良い刺激を与えるためのサポートをする立場だと考えます。自分の子供にも言いますが，受動から能動に意識が変わらなければ行動も結果も変わらないと，心底感じます。

皆さんは良い実践の場を提供されています。それを自分自身の成長の糧にするかどうかは，皆さん自身にかかってます。どうか良い研修旅行（サハリンコース以外も）にしてください。

最後に，これでも日本サッカー協会の公認コーチと審判員ですので，日本サッカー界の父と言われるクラマー氏の言葉で結びたいと思います。「物を見るのは精神であり物を聞くのも精神である。眼それ自体は見えず耳それ自体は聞こえない。」　（今昭人）

⑬ 2008年9月26日

ロシアの電圧は220V（ボルト）／50ヘルツです。
電気プラグはヨーロッパ・コンチネンタル方式（C型）ですので，日本の電気製品はそのまま使用できません。変圧機能の付いた電気製品または変圧器と接続プラグが必要となります。

一番便利なのは電池式のものをお持ちになることだと思います（電池は日本から持参したほうが無難）。　（今昭人）

▶いつもありがとうございます。今さんの情報によると札幌は朝晩の冷え込みが厳しいそうですよ（「涼しい」じゃなくて，「冷え込み」です）。　（菊地）

⑭ 2008年9月30日

サハリンに残留することになってしまったのは，日本人だけはなく，朝鮮人も多くいます。

彼らは戦後祖国が二つに別れ，当時のソ連と国交があった北朝鮮にしか帰国できなかったのです。現在の韓国から旧樺太に渡った朝鮮人で北朝鮮に帰国した人の多くは，いつかは家族のもとに帰れることを夢見ての帰国だったようです。

ザ・フォーク・クルセダーズというフォークグループの曲に「イムジン河」という名曲があります。発売前に数回ラジオにかけた後に，突如レコード会社によって「政治的配慮」から発売中止となりました。

曲の主人公は臨津江（イムジン河）を渡って南に飛んでゆく鳥を見ながら，なぜ南の故郷へ帰れないのか，誰が祖国を分断したのかを鳥に問いかけ，故郷への想いを募らせる内容です。

エリカ様こと塩尻エリカが出演している映画「パッチギ！」には在日朝鮮人の苦難の歴史が描かれています。この映画に「イムジン河」が何度も流れます。もし時間があれば，生徒さん（サハリンコース以外）も観てもらえればと思います。映画の中で，在日朝鮮人の老婆が「国会議事堂の石はどこからもってきて，誰が積んだがわかっているのか？」と主人公の日本の高校生に言ったシーンに僕は心を打たれました。

皆さんの純粋な目でいろいろと見てください。答えは同じではないのです。貴方が感じたことが，貴方にとっての答えです。そしてその答えも変化してもいいのです。すべて含んで答えです。

（今昭人）

▶サハリン通信14が届きました。いつもありがとうございます。

私も朝鮮・韓国と日本の関係についていろいろと思いを巡らすことがあります。「パッチギ」もぜひ観てほしい映画の一つです。

「チルソクの夏」という映画の中にも「イムジン河」が効果的に歌われています。夏に韓国に行った生徒は「イムジン河」見たよね。本当に鳥はゆうゆうと川を渡っていくのにね。

サハリンの朝鮮・韓国人に関しては，『サハリン棄民——戦後責任の点景』（大沼保昭著，中公新書，1992年），『写真記録 樺太棄民——残された韓国・朝鮮人の証言』（伊藤孝司著，ほるぷ出版，1991年）が読みやすいと思います。（菊地）

4　北方領土講演会

サハリンコースとは別に，根室を中心とした道東コースの研修の重点に「北方領土学習」がある。その一環として根室青年会議所と根室市役所主催の北方領土講演会を学校で開くことができた。

「現在の根室について」と「根室から見た北方領土」の，二つの視点からお話をしてくださった。ソビエトが北方領土を不法に占拠した歴史から不法占拠が与える根室経済への影響まで，わかりやすくお話していただいた。元島民の方の平均年齢が75歳を超えているというお話があり，このまま北方領土返還問題の解決にさらに時間がかかると，島での生活をはっきりと覚えている方がどんどん少なくなっていくことが伝えられた。

放課後，生徒が，「ロシアに訴えるのではなく，ロシアの人たちに訴えましょうよ，中杉が！　ロシアと交流している高校は，そんなにないですよ」と声をあげてきた。そんな気風が生徒の中に芽生えていることが，スタッフを喜ばせた。生徒も間違いなくロシアについて考えて始めている。そう実感できるようになっていったのである。

この講演会には，内閣府特命担当大臣（沖縄北方領土対策）の岸田文雄氏（現外務大臣）も臨席される予定だったのだが，国会会期中で突然来校できなくなり，非常に残念だった。大臣来校の可能性があるというので，さまざまな予定が組まれ，分刻みの時程表の作成が求められた。また，どの席に誰が座るのか，大臣の動線の確保など，今までの学校業務では体験したことのない仕事に，スタッフはてんてこ舞いになっていたのだ。

しかし，講演会前日の午後7時ごろに内閣府から電話があり，「明日大臣はうかがえなくなりました」と告げてきた。国会期間中でもあり，大臣は来られなくなるかもしれないとは予め伝えられていたのだが，残念で釈然としない気持ちがスタッフの中に残ってしまった。

一方で，この事前学習の様子が北海道の各新聞で紹介された。

根室新聞	6月 4日朝刊
〃	6月10日夕刊
読売新聞	6月10日朝刊（道内）
北海道新聞	6月18日朝刊
釧路新聞	6月12日朝刊

各教室に記事を貼り出し，生徒への周知を図った。生徒たちは，自分たちの研修旅行が注目されているということをあらためて意識し始めたようだった。

そんな新聞記事の話題での盛り上がりも薄れ始めたころ，なんと岸田大臣からビデオレターが届けられたのである。思いがけぬ計らいに，学年スタッフは欣喜した。すぐLHRの時間にコース別に生徒を集め，それぞれの部屋で大臣からのメッセージが映し出された。内閣府によると，このようなことは非常に稀有なのだという。異例なことゆえ，ビデオは内閣府の方と一緒に視聴することになった。ビデオで大臣はまず，来校できなくて「残念だった」とおっしゃり，45期生が真剣に講義を受講していたという報告に対し，「心強く感じている」とおっしゃった。そして，「研修旅行に行った折には二つのことを感じてきてほしい」と，次の2点を強調していた。

① 北方領土は近いということ。

② 元島民の皆さんの悔しい思い（目の前に見えるにも拘わらず自由に行き来できない。元島民だけの問題ではない。豊かな自然・水産資源があり，日本人が開拓した土地であることにも言及された）。

さらに，「3つのことを頭に留めておいてほしい」とのメッセージがあった。

① 北方領土はわが国固有の領土であること。

② 北方領土は現在ロシアによって不法占拠されていること。

③ 日本はロシアに北方領土の返還を要求していること。

「これらを頭に留めて，北方領土問題を自分たちの問題としてとらえてもらいたい。これからも関心をもち続けてくれることを希望します」と，メッセージが締めくくられた。

大臣からのメッセージに生徒たちは不思議がり，「どうしてこんなに注目されているのだろうか」，「自分たちの研修旅行は何なのだろうか」と考え始めるようになったようだった。これは学年スタッフも予想しなかった展開であり，教育効果の高い研修旅行に育ててもらっていることを，ひしひしと感じるようになった。

先の外務省の出張授業の頓挫があったため，学年スタッフの中にお役所を嫌う雰囲気が醸成されていたが，この大臣のメッセージで，そんな雰囲気は払拭されていた。単純に喜んだり残念がったりしている教員の姿は，生徒にどう映ったであろうか？　こんなことも，今思えば意味のあったことであろう。

そして何より意味を感じるのは，「北方領土返還」を要求する根室市へ行くコースと樺太をサハリンとし実行支配しているロシアに行くコースが，学校内に混在している点である。

生徒は最初は戸惑ったことだろう。しかし，学校は一つの結論を押し付けようとしていないということを，生徒はわかってきたようだ。

サハリン・樺太コースが船で行くコルサコフ港から北方領土へ渡る定期船も就航している。ビザを発給してもらった我々は，その船に乗り，北方領土に渡ることも理屈ではできるのだ。この混沌とした現実を，生徒は少しずつ理解し始めたようだった。

5　推薦図書

> 「何の用でこゝへ来たの，何かしらべに来たの，何かしらべに来たの。」
>
> 西の山地から吹いて来たまだ少しつめたい風が私の見すぼらしい黄いろの上着をぱたぱたかすめながら何べんも何べんも通って行きました。

宮澤賢治の「サガレンと八月」の冒頭。この文章をブログに載せて，試験勉強に疲れた生徒にわずか7ページの短い作品を読ませようと画策した。「サガレン」は，南樺太に対しての北樺太を言う。どれくらいの生徒が読んでくれたかはわからないが，生徒を啓発するための一つの方法として投げかけてみた。中央大学で国文学を専攻されている渡部芳紀教授のホームページにサハリンと宮澤賢治について詳しく載っているので，合わせて紹介した。

このような意図で紹介した本は，いくつかある。

司馬遼太郎の『街道をゆく 38　オホーツク街道』。この作品は一部をコピーして生徒に配布した。また，『東京するめクラブ　地球のはぐれ方』（村上春樹・吉本由美・都築響一著，文春文庫）のサハリンの旅行記の部分をコピーし配布してしまった，情報科の教員の目を盗んで。「読みやすくておもしろい」と，めずらしく生徒の評判がよかった。『くまの子ウーフ』で生徒にもなじみのある神沢利子の『流れのほとり』（福音館文庫）も「挿絵だけ眺めても楽しい」と紹介したのだが，何人が手にとったかはわからない。

そして，『カラー版　知床・北方四島――流氷が育む自然遺産』（大泰司紀之・本間浩昭著，岩波新書）。前書きにある，

> 私たちは，この生態系の保全のために，新しい提案をしたいと考えています。それは，知床の世界自然遺産の範囲をウルップ島まで拡張するという提案です。
>
> 拡張によって，日本とロシアが責任を分かち合い，生態系を保全するとともに，漁業を持続可能な形に変えていくことができるのではないか，と考えています。
>
> 領土問題ををめぐって日本とロシアの主張が真っ向から食い違っている現状では，「戦争状態の終結」を意味する平和条約の締結はしばらく先のことになるかもしれません。しかし，領土問題の進展にかかわらず，日本とロシアがいま立ち止まり，何らかの手立てを講じておかないと，北方四島の自然の保全は手遅れになるということは，火を見るよりも明らかです。
>
> 「領土問題は解決した。しかし水産資源は枯渇し，野生動物も姿を消していた」。そういう悲しい状況にならないために。

という文章を生徒に紹介した。

それにしてもサハリン・樺太について知ることのできる本が手に入れにくいということを，あらためて思った。

生徒は事前学習以外にも通常の授業の予習復習に追われ，試験勉強に追われており，なかなか推薦図書を読んではくれなかったようだが，教員が読んでその話をすることで，読んだ気にさせていたようである。そして多くのページをコピーして，生徒に読ませるように図ったものである。過保護というべきだろうか。

6　樺太からの引き揚げ者にお話をうかがう

サハリンへの研修旅行の話がまとまりつつあるころ，教員室での何気ない会話の中で，「そういえば私のおばあちゃん，サハリン生まれですよ」と，外国語科の前野桃子が言った。「えっ！　本当？」菊地の声は大きくなっていた。こんなに身近なところに，樺太からの引き揚げ者がいたのか。信じられない気持ちだった。島民40万人ということは，案外身近にダレカがいるということなのだ。「おじいちゃんもおばあちゃんも，樺太の出身ですよ。あっちで結婚したんですよ」と前野は続けた。「えっサハリンで結婚したの？　ねぇ，おじいさんとおばあさんからお話をうかがえないかな」と早速菊地は興奮気味に尋ねていた。

前野の祖父母に連絡して，予定を調整してもらった。ご高齢ということもあり，中杉に来ていただいて生徒の前でお話をしていただくことはできず，生徒の代表がお宅を訪問させていただくことになった。8月27日，残暑の厳しい八王子に，山影昭二・幸子ご夫妻を二人の生徒と訪問した。

1｜山影夫妻の樺太時代

お話はまず，山影夫妻からの質問から始まった。「どうして樺太に行くのですか？」，「研修旅行の目的は？」と。菊地は次の五つを簡潔に述べた。

① 生徒に学習する機会を与えることを目指していること。

② 海外修学旅行を企画したが実現が難しかったこと。

③ 旅行会社からの提案でサハリンが提示され，あまりにもサハリンについて知らない自分に驚いたこと。

④ そして悲劇的なソビエトの侵略がどのように行われてきたかを学ぶことは，今の日本とロシアの関係を知るにも良い機会であること。

⑤ 平和教育として沖縄と同じ意義があるのではないか，これは歴史という時間軸の中に自分を認識させることに繋がるのではないかということ。

そして菊地は，「何も知らない我々にとって，引き揚げていらしたお二人の話は何にもまして貴重な学習になるので，よろしくお願いします」と結んだ。

山影氏は「パンフレットとは異なるかもしれないが，確か……」と前置きし，樺太についてひととおり説明してくださった。そして，ご自身の生い立ちについて語り始めた。

昭和2（大正15）年生まれの山影氏は，恵須取《エストル》で学生時代を送った。戦争末期に防衛隊に配属になった時は15，6歳だったという。防衛隊は生徒としての動員で，軍人ではなかった。ほとんどの学生が動員されたので，勉強どころではない。恵須取から離れ，手榴弾の鋳型を作って，鉄を溶かして手榴弾の形をつくる仕事をしていた。その工場から100メートル離れたところに，爆弾が落ちた。これが，ソビエトの侵略の第1弾であったらしい。

山影昭二さん（以下昭二さん）　その後は毎日のように爆弾が降ってきた。曳航弾が光って飛んできたあと砲撃が始まるんだ。蛸壺を掘って砲撃から逃れようとしたんだよ。そしてとうとうソビエトが上陸しようとしてきた。「絶対に撃つな」と言われていたんだけど，敵に初めて遭遇したことに驚いて引き金を引いてしまった人もいただろうし，つられて撃ってしまう人もいたと思う。

ソビエトは塔路《トウロ》（現シャフチョルスク）に上陸して侵攻してきた。上官から「上恵須取《カミエストル》（現ウグレゴルスク）に行け」という命令があり，恵須取《エストル》（現エストル）から山の中を通って行ったんだ。そこで，その日の昼に，日本が敗けたということを聞いた。

戦争が終わったんなら，武装解除だ。「本土に戻らないと」，そう思った。どんどん南下した。途中落合《オチアイ》（現ドリンスク）にある同僚の親戚の家に泊まった。そこでも爆撃を受けた。同僚と別れて豊原《トヨハラ》（現ユジノサハリンスク）に向かった。ただただ歩いた。歩いて歩いて歩いたんだ。たくさ

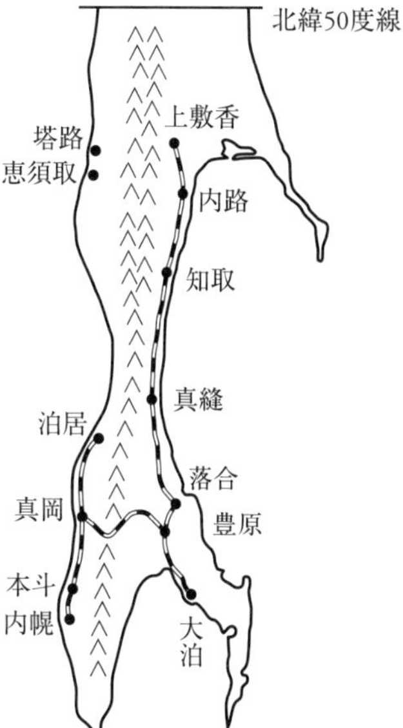

んの人が歩いていた。

ようやく豊原に着くと，「これより先には行けない」とロシア人に言われた。ソ連の兵隊は，「日本人には何もしないから，元いたところに戻れ！」って言うんだよ。「歩いて戻れって，そんな無茶な……」。そう思ったけど仕方ないから，戻ったんだ。もちろん歩いて歩いて歩いてね。

赤ん坊や女の人の死体が，いたるところにあったんだよ。それはそれはむごい光景だった。いろいろ目にしたけど，「戦争とはこういうひどいものなんだ」って思ったな。その時は「自分が殺されないだけよかった」と思ってしまったけど……。

その後，貨物列車を使って内《ナイ》路《ロ》（現ガステロ）に行って，内《ナイ》恵《ケイ》道路を使って恵須取に。1週間か十日かかったかな。この間，食事をどうしたのか，まったく思い出せない。どうしていたんだろう。よく往復できたなあ，よく歩けたなあ，本当にどうやって歩いて行ったのか，覚えていない。あの山脈をよく越えたものだ。道路なんてなかったんだから。靴とかもどうしていたんだろう。靴は履いていたんだと思うんだけど，往復履いていたのかな。

サンフランシスコ条約によって，樺太は日本ではなくなった。そして財産もなにもかも放棄させられたんだ。千島列島はもともと日本のものだったが，これさえもとられた。

*

昭和3年生まれの山影夫人は，同じく恵須取の王子製紙の近くに住んでいた。

山影幸子さん（以下幸子さん）　内地に帰ってきてから聞くと，「戦中は大変だった」というけど，樺太は豊かだった。いいところに住んでいたんだなぁと思うわよ。食料も備蓄があったんだと思うわ。普通に生活していたんだから。でも，ソ連の飛行機がバーっと入ってきて変わっちゃったのよ。

ソビエトが侵攻してきたときには男の人は皆徴用されていて，周りに大人の男性はいなかった。みんな女性ばかり。爆撃があってから，みんな山の中を逃げに逃げた。弟とか近所の小さい子供を体に結わえつけて逃げたのよ。男がいないんだからしょうがないのよ。とにかくちゃんとした情報がないんだから。流言飛語ばかりなのよ。そんな中，食べるものがなくなっちゃったの。しかたがないからあたしは一人で家に戻ったのよ。幼い弟や妹が，「食べるものがない」って泣くからさ。その時は16か17歳よね。一人だけ人の流れに逆らって家に帰って，ご飯炊いて，煙が出ないように鮭焼いて，それでおにぎり結んで，「よし，これは誰にもやるもんか」って思ってね。どこかに艦砲射撃の弾が落ちるでしょ。そうすると家の中が振動で埃だらけになっちゃってね。

……でもそんな時はなんでもできるのよ。

とにかく余裕なんてなかった。うちにあるものを持って，また戻ったのよ。夜，人ごみの中を探してようやく家族と落ち合ったのよ。途中で「さちこさーん，さちこさーん」って呼ぶ声があったんだけど，応えてやることなんてできなかった。今思えば心残りだけど，その時にはまるで余裕がなかったのよ。

そして家族4人で隠れておむすびを食べたのよ。

きちっとした情報がないから，「朝鮮人が追いかけてきている」だとか，逃げている時にそういうデマが聞こえた。

昭二さん　8月15日山の中で日本が敗けたって聞いたんだ。それまで敗けるなんて思っていなかった。本当に教育っていう力はすごい……前の日まで，勝つってことを教えているのだから。

幸子さん　ソビエトの攻撃から逃げている途中に，飛行機から爆弾が落とされたんだけれど，母親は私と弟と妹を置き去りにして，自分だけ逃げたのよ。私は妹と弟を連れて逃げて，貨車の下にもぐったの。そのことをあとで母に伝えたら「そんなことあるわけがない」って怒られたけど，「人間，いざとなるとわが身が大事なのだ」とつくづく思った。そんなふうになってしまうんだから，戦争はおっかないんだよ。戦争はしてはいけない。

＊

夫人は寂しそうに語った。

昭二さん　ソ連の軍人は軍隊の作戦として攻撃してるんじゃなくて，面白半分に爆弾落としてるような時もあった。脅かしにやってきてるんだよ。

幸子さん　沖縄戦のことはみんな知ってるけど，樺太についてはなんにも知らない人ばかり。知っている人が語り継ぐしかないのよねぇ。樺太だってひどいことがあったのに……。沖縄だって大変だけどさ。

ソビエトの侵攻から，女の子は外を歩けないのよ。凌辱されちゃうから……。「ムスメ，ダワイ（くれ）」って，家に兵隊が入ってくるんだから。ソビエトの兵隊は，「ムスメ」っていう単語だけは知っているのよねぇ。

＊

戦後も二人は樺太で生活することになった。山影氏はロシア語の読み書きができたので，戦後は王子製紙に入った。通訳として，ロシア人と日本人の間を取り持った。だから，生活は不自由はしなかった。

昭二さん　すっぱい黒パンが，ロシアの主食。普通は日本人が黒パンを食べることはないが，ロシア人にもらって特別に食べることができたんだ。

*

二人は戦後のサハリンで結婚した。

昭二さん　結婚式にもロシア人がいたなぁ。ロシア人も個人的にはそんなに悪くないのよ。人間ってこんなもんなんじゃないの？　戦争になるといろいろがんばっちゃうけど，一人ひとりはそんなことはないじゃない。

*

昭和23年，7月にご夫婦で引き揚げてきた。日ソの引き揚げの条約によって船で恵須取から真岡へ。

幸子さん　真岡から船を乗り換えて函館まで行き，函館に上陸したのよ。家財道具は何も持たずに……。1人1個か2個の手荷物を持って行く程度だったわ。今思うと，うちにはすごいお雛様があったのに。財産も家も，何も持たずに裸一貫で。昭和23年に帰ってきても，この程度しか持ってこられなかったのね。

昭二さん　私たちがロシア人からもいろいろと親切にしてもらったことがわかっていたんだと思うんだが，真岡に行った後，何度もアメリカ人に呼ばれて調べ上げられた。先に帰った者が，アメリカ人にいろいろ吹聴していることもあったんだと思う。

函館でも長い時間調べ上げられた後，下船した。その時にタバコを1個もらったな，お金ももらった。そしたら日本人が休むところに連れて行かれて，これからどこに行くかを決めさせられた。

幸子さん　小さい子供がリンゴのことを知らなくて，函館でリンゴを見たとき，「カブをくれ」と言っていた。リンゴをちゃんと食べたことがなかった。だから，帰ってきてから食べたリンゴは本当においしかった。

ソ連侵攻前のことは，14，5歳だったから記憶が定かではないの。忘れていることばっかり。詳しい情報があったわけでもないし，日本が敗けると思わず，一所懸命生きてきた。今の人間が聞くと，「これ，本当に日本のこと？」と思ってしまうかもしれない。戦争が終わって，60年余り。戦争がない今，今を大事にしないといけない。戦争なんてしてはいけない。

＊

下見で樺太神社の跡地に行った菊地の言葉を受けて。

幸子さん　当時，何かの行事があるたびにお参りに行ったんだけど，中学生が先にお参りをしていたことがあったのよ。彼らを直視してはいけなかった。通る時，ずっと下を向いていた。そういう時代だったのよ。だれか男の人が通るというと，下を向いていなくちゃいけなかったの。

昭二さん　昭和23年までは普通の生活を営めた。樺太では。一般の人よりも良い生活ができていたと思う。働かざるもの食うべからずだったけど，黒パンを仕事帰りに1個ずつもらって帰れた。普通の家では，そんなもの手に入らなかったんだよ。

幸子さん　昭和20年の8月に入ってきた兵士たちも，略奪もあったが，憲兵のような人もいたので，野放しということもなかった

樺太神社跡に残る宝物庫。

（裏で悪いことをしている人はどの時代もいるってこと）。あたしの同期生の中に，向こうの人と結婚して子供を産んでいる人もいるのよ。

生徒の質問　どうして当時の写真は残っていないのでしょうか。

幸子さん　アメリカと違って，ソビエトは写真を残していないのよね。もともと，あの国には写真がなかったのでは？　本当に貧しかったから。撮っていたかもしれないけど，そういうことを公にしないのかしら。

昭二さん　樺太で生まれて本土に行ったことがなかったから，教科書の「サイタ，サイタ，サクラガサイタ」という1年生の時の教科書を読んでも，桜を見たことがなかったんだよ。桜は絵でしか知らなかった。半年以上雪に覆われる恵須取では遊び，遠足，学校，いつもスキーで過ごしていた。私はクロスカントリーの樺太記録保持者なんですよ。だからわざわざスキー場にスキーをしに行くという感覚がわからない。だってずっと周りには雪があって，常にスキーができたから。小さな汽車が走っていたけど，スキーで滑っていれば汽車にも負けなかった。

幸子さん　もともと樺太に行こうなんて思ったのは一儲けしようと思っていた連中だったわけだから，うまくいったのとうまくいかなかったのでは天地の開きがあったのよ。樺太，今思うと良かったと思う。王子製紙の社宅にも，あの時代，スチームの暖房があったから。朝になるとチーンチーンって音がしてスチームが暖かくなるのよ。調理は全部電熱器で作ったの。とにかく家の中で火なんて使わないのよ。全部電熱器だから。王子製紙の社宅のお手洗いは水洗でね，六十何年も前だったけど。王子製紙はそう

引き揚げ者である山影夫妻からお話をうかがう。

いう会社だったのよ。

今思うと恵須取側はヘドロまみれで……今だったら環境問題かなぁ。その当時は町が潤っているから，そんなこと言う人もいなかったんだと思うけど。

中国の残留孤児と比較すると，樺太はまあまあ良かったのではないかな。ソ連が参戦する前は，いいところだったのよ。内地はたいへんだったと思うけど，樺太は別天地だった。樺太の寒さはすごかったけど，そういうものだと思って育ってきたから……。

＊

現在のサハリンには，キリル文字の看板の他にハングルの看板も多い，という菊地の言葉を受けて。

幸子さん　そういえば北朝鮮の子と一緒に授業を受けたわ。女学校にはあんまりいなかったけど。今思えば，いろいろな地域の人が集まっていたんだと思うよ。

食べるものがない女学校時代。お手玉の中に大豆を煎ったのを詰めておいたり，かぼちゃを隠れて食べようとして，焼いてたら匂いでばれたり。舎監に見つからないようにしていたのよ。女学校時代は食べるものがなかったね。今の子には想像できない時代だね。死なないで生きて帰ってきただけでも良かったのかもしれない……。

昭二さん　引き揚げるまでの3年間は，青春を謳《おう》歌《か》したんじゃないかな。王子製紙で勤めることができたので，あの当時としてはいい生活ができたんじゃないかな。あの時代は懐かしいとは思うけれど，二度と樺太に行きたいとは思わない。

*

夫人は逃げる前にうさぎを飼っていたことを思い出した。子うさぎが6匹ぐらいいたが，うさぎ小屋の扉を開けずに逃げてしまった。

幸子さん　1，2カ月ぐらい経って戻ってみたら，親うさぎだけがぼってり太って生きていた。子うさぎの骨だの毛だのが残ってて……。だから，私はうさぎが嫌い。放しておけばよかったけれど，そんな余裕なかった。些細な話だけど，いざという時には余裕がないことを痛感したわね。

近所のおばさん（今思えば若いおばさんだった）の子供の面倒を見たり，普通に過ごしていた。配給が厳しいとか言われたけれど，樺太はそんなにひどくなかった。どこそこで誰それが自爆したとか，そういうニュースを聞いたけど，樺太は大丈夫だった。大人がどう思っていたかはわからないけれど，私たちは普通に暮らしていた。

生徒の質問　樺太の食べ物の名物には，何がありましたか？

幸子さん　もともと名物は……ああ，タラバガニ！　朝，昼から，夜まで食べたわね。もう食べたくないわね。タラバガニほど嫌なものはない。食べ過ぎたから。

留《ルー》多《タ》加《カ》というところに住んでいたのよ。当時は白系露人という人たちがいて，パン屋さんをやっていた。ロシアの人たちが町にいて，一緒に暮らしていたのよ。このパン屋さんからいいにおいが出てくるの。幼いころに，そのパン屋さんと友達になったのよ。

生徒の質問　今，ロシアや朝鮮についてどう感じていますか？

昭二さん　ロシアに関しては辛酸をなめてきたから，恨みが募る。戦争は殺し合いだから，絶対良いわけじゃない。当事者に関しては憎くて仕方がないし，許せない。

韓国にしても北朝鮮にしてもロシアにしても，自分たちの主張だけを通している。この人たちと日本人の違いは，若い人たちが自分たちから議論に参加しないということ。やはり愛国心なのかな？　若い人も怒らないといけないし，議論に参加していかないといけない。

幸子さん　小さい時に，「朝鮮ぶたまんま」って言って差別していた。「日本人の下にいる人」と認識していたの。朝鮮の人は日本人の下にいて，ぶたまんまを食べていると思っていたのよ。

みんないろいろあるかもしれないけど，人間はみんな同じなんだと，今になると思う。ロシア人だってオリンピックに出るし。

クラスに朝鮮人がいて，いじめた覚えがある。1年生，2年生の時，朝鮮人だというだけでいじめたのよ。一般の人はみんな同じなはずなのに，戦争のせいで区別され，その結果差別してしまう……。

幸子さん　昭和20年以降，町の中でロシア人と一緒に住んでいた。ロシア人のことはパルスキーと呼んでいた。一人ひとりのことは，それぞれ名前で呼んでいた。この時に一緒に過ごしたロシア人は本当に普通だったし，楽しかった。王子製紙の周りは平和だった。私たちは，身の危険をそれほど感じなかった。「ヤマカーゲサン」なんて言って，おつきあいしたものですよ。「日本は広島のピカドンで大変だから，そんなところに帰らないでサハリンに残りなさい」って言ってくれたロシア人もいたんですよ。でも，住所の交換とか，文通しようなんて気にはならなかったわ。早く帰ろうと思っていた。内地に帰りたかったのよ。

ボルシチはおいしかったね。でも，今食べると，「こんな味だったかな」と思う。ロシアで食べた時のほうがおいしかった気がする。

真岡まで日本の高校生に見せるようになったのは，ロシアも変わったのかな。その当時の豊原は，すばらしい街だったわよ。道が碁盤の目のように走っていて。

気をつけて行ってらっしゃいね。みんな年寄りの話ですよ。

*

山影夫妻は，菊地が持参した何枚かの写真と資料に，懐かしそうに目を通していた。

2｜山影夫妻の体験をうかがって

予定を大幅に超えて，3時間近くお話をうかがうことができた。

興味深かったのは，戦争の悲惨さよりも，その前後の豊かな生活の様子だった。生徒も教員も，ソ連侵攻の凄惨な話をうかがう心積もりだったのだが，楽しそうにお話くださった戦中・戦後の話が印象に残った。戦中の樺太は，内地では想像もできないほど豊かな生活だったという。そして，ソ連の侵攻が始まり，二人とも命からがらに逃げ惑ったというのだ。

お話をうかがいながら，生徒は「『氷雪の門』の映像が重なって見えるようでした」と言った。お二人とも，「よく生きていたものだ」としみじみとおっしゃって，静かにお話しくださった。

戦後，樺太に残ることになったお二人は，そこでご結婚された。山影氏はロシア語ができたため王子製紙の工場に勤めることができ，王子製紙の社宅に住んだという。そこは部屋にスチームが入り，全戸水洗トイレだったというのだ。そしてソ連時代にはソ連の人々と交流をもちながら生活していたのだという。関わった多くのソ連人家族との交流が，生き生きと語られた。

ただ，ご夫妻は口を揃えて，「金を積まれても，もう樺太には行きたくない」とおっしゃっていた。この言葉の重さに，生徒も教員もただ頭を垂れるしかなかった。

とにかく何も知らない，知らされていない，知りようが少ない「樺太」。しっかり学んでいかなくてはならない。樺太からの引き揚げ者は皆ご高齢になっている。今学ぶこと，今記録しておくこと，そして語り継ぐことの大切さをひしひしと感じた3時間であった。

お話をうかがったあと，八王子の喫茶店で昼食をとりながら，生徒と菊地は今日うかがった話を反芻し，この研修旅行をより意義深いものにしていかなくてはならないという，ある種の「使命感」を共有していた。「これはしっかりしなくては」，そんな思いを強くし，家路についた。

菊地はその日のブログにこのように記している。

> 今日は樺太から引き揚げてきた方から直接話を聞く機会を得た。当時を知る方から直接話をうかがえたことは幸運であった。生の声のもつ迫力にうたれた。
>
> 樺太で起きた悲劇について知ることは難しい。どうしてこんなに資料が少ないのかと思う。40万もの人が住んでいたのに。どうして樺太のことについてこんなに情報がないのだろうか。知らなくてはいけない，そんな思いに包まれてきた。

今日うかがったお話の中で印象的だったのは，悲劇の起こる前の樺太での日常生活について。それからソビエト侵攻のあとのソビエト支配時代の日常生活について。いずれまた報告できると思う。

高校の研修旅行の訪問先として樺太を選ぶことができた，まずそのことを喜んでいる。

学ぶことはたくさんある。いろいろと知ってからオホーツク海を渡ろう。きっとそれがアナタを大きくしてくれるから。

そして代表の生徒は，こんな作文を残している。

▶樺太引き揚げ者の方のお話を聞いて

私の父も，母も，戦争を知らない。当時を知る祖父母はそれについて語ろうともせず，明治生まれの曾祖母も，私が小学生になったころ死んでしまった。それだからか，日本史で語られる大東亜戦争は，はるか遠くの出来事である。どうしても現実に繋がらない，教科書や書籍，戦争映画の文字列と断片的な画像のみが，頭の中をぐるぐると回る。

滑らかに昔を語る山影さんの顔を見ながら，ただひたすらにノートにメモをした。正直に言って，その和やかな雰囲気のなか，ことさら強い衝撃を受けることはなく，いったい私はどういう顔をしてこの話を聞けばいいのだろうかと考えていた。

終始穏やかな表情だった山影さん夫妻のお話は“生の話”であるのに，どうもその実感がもてず，具体的なエピソードや時折話に出てくるロシア語から，ようやく，この人たちは樺太にいたのだ，というぼんやりとした想像が頭の中に浮かんできた。

お二人が言うとおり，“今の人”である私は，どうしても強い感情がもてないのだった。私が知らないことをたくさん話していただいたとしても，ある場所でいつも，思考が止まってしまうのである。平和は守るべきだ。平和なままであるべきだ。心からそう思う。しかしながら，それがわかったとして，どうすればいいのか。

死体を見たことがない。銃を見たこともない。さらに私に限って言うならば，海外旅行をしたこともない（即ち国境を越えたことがない），食べ物がなくて苦しんだことも，家に帰れなくなったことも，災害に遭ったことすらない。イラク戦争は，始まった様子をテレビで見ていたら，いつの間にか終わってしまった。拉致被害者の家族の方がどんなに叫んでいるのを見ても，北方領土を返せとどれほどの人が叫んでいるのを見ても，その強い感情というのがどうしても湧き上がってこないのである。湧き上がってこないのならどうすればいいのか，というのが，私の大きな課題であり，疑問であった。

そこで，本人にとっては嫌な記憶を思い出させてしまうことを承知で，「現在ロシアについてどのような思いをもっていますか」と訊ねた。言葉としての答えは予想ができていた。私にとっては，言葉でなく声や話し方や目をしっかりと記憶することがより重要であった（言葉だけを記録するならば，それは教科書を読むのと同じだろう）。本当は「ロシアを憎んでいますか」と訊ねようかと思っていた。しかし土壇場になって，憎むというのがどういう感情なのか，自分ははっきりと自信がもてないことに気がついた。意味を実感できない言葉を使って質問をして答えをいただいても意味がないので，結局迂遠な言い回しになってしまったが，山影さん夫妻はたどたどしい私の話を，熱心に聞いてから答えてくださった。

そのときの山影さんの顔は忘れられない。柔和だったはずの表情が，厳しい表情に変わった。山影さんは言う。「散々辛酸を嘗めさせられたので，彼らを許すことはできないのです」と。少なくともあの8月9日までは平和にやっていたものを侵略したのは間違いなくソ連であり，日本が外交下手だという問題とは別に，「憎しみは消えない」と。

最後に山影さんは，日本人（の多く）が今，領土問題などについて何も関係ない顔をしていることを，「不思議だな」と思う，と言った。「あなたの期待には答えられそうにありません」とも言った。

平成生まれの私がこれからどうすればいいのかという具体的な答えは，出なかった。自国の国土に対して，燃えるような熱意や感情が湧き上がってこない，というのは，行く前も，お話をうかがった後も同じだった。

ただ，無関心ではいけないと思った。平成生まれは平成生まれなりに，他国とどう関わっていくかを考えられるはずである。そして，私たちの価値観は，昭和生まれである先生方とはまったく異なる。もちろん，その前の激動の時代を生き抜いてきた山影さん夫妻とは，もっと違う。すなわち，これぱかりは「先生」に教えてもらうわけにはいかない問題なのだ。私の課題もまた，同じことだ。

この日の話を聞いた私は，10月，どのようにサハリンを見るだろう。その地に足を踏み入れたとき，3時間に及ぶお話の数々を思い出して，また新しい，強い感情をもつのだろうか。それは行かないとわからない。

ただ，私はこれから先，山影さん夫妻とその貴重なお話を忘れることはないだろう。そう確信できる。（宮下かおる）

▶山影さんからお話をうかがって

「戦争が終わって良かった」，「今は本当に幸せだ」――これらの言葉は，きっとこのような方のためにあったんだと痛感した。

樺太引き揚げ者の方からのお話を聞く機会を得た。山影さん夫妻は，私たちと同じ歳のころに戦争を経験された。現在，樺太へ行くことはどうにかできる。それでも，「お金をくれると言われても，戻りたいとは思わない」とおっしゃった。子供時代を過ごした場所には，お話以上の痛みがあるのだろう。経験という字は，私にとっては例えば部活動や学校行事で使われる熟語であり，ほかに言葉が見つからず使わせてもらうが，山影さんが遭ったものを経験と呼ぶのはどこか違うような気がしてならない。目の前のソファに座っているお二人がここに居られ，こうして私たちに聞かせてくださっていることを，ただ話を聞きながら不思議に感じてしまった。また，制服を着ている私たちが，ひどく場違いに思えた。

次から次へと語られる戦争の話は途切れることがなく，鮮明だった。時おり，当時の食事や引き揚げ時の移動の仕方について，「どうしても思い出すことができない」と言われたが，きっと本当の無我夢中とはこういうことなんだろうなと思う。

映画やドラマで見る戦争前後の風景はいつも貧しくて，寂しくて，閑散としているイメージがあった。人々はピリピリとしていて，気を緩めることができないような。しかし「悪くなかった」と聞いたとき，やはり生活している人々の気持ちはみんな同じなんだと実感することができた。ロシア人の知り合いを家に招待したり，また片言の日本語で名前を呼んでくれたりしてくれたそうである。逆にロシア人の家に招かれて，ウォッカを一緒に飲んだそうだ。乾杯をしたあとに一気に飲むことで，相手を信頼しているということを示すらしい。戦争は人を変え，相手の国全部が悪い国だと感じてしまう。「それでも，個人的には，一対一では，良かったよ」と。実際に戦争を経験された方からこの言葉を聞くことができて，私はとてもうれしかった。

研修旅行まで，あと1カ月と迫ってきている。どんな土地にも歴史があるのは重々承知しているが，私たちが行こうとしている樺太の歴史，それは本当に壮大なものであるということを，胸に刻み付けたい。そして山影さんが歩んだ土地，風景をしっかり目に焼き付けながら歩ければいいと思う。（藤井彩香）

7　山田によるサハリン「下見」旅行

世界史の教員，山田篤史がサハリン・樺太コースの引率に決まった。その後，菊地と山田での準備が始まった。

山田は，予算・人数・期間の関係で学校の正式な下見には参加できなかったので，夏休みを利用して，サハリンに個人的に「下見」に行くことにした。研修旅行の引率前に，コルサコフ，ユジノサハリンスク，ホルムスクを見ておきたかったというのが主な目的であったが，学生のころからヨーロッパやロシアの歴史について学び，個人的にもロシアには興味があったため，研修旅行では訪れない町にも足を伸ばして，サハリンの現状を見てみることにした。

山田のロシア訪問は，これが二度目となる。5年前にモスクワを訪れ，赤の広場やクレムリンなどを見学し，ウラジーミル，スズダリなどモスクワ周辺の都市にも訪れ，さらに東のシベリアにはシベリア鉄道を利用してウラル山脈を越えたエカチェリンブルクまで行った経験があった。途中，タタールスタン共和国のカザンにも立ち寄った。

町と町の間に広大なタイガが広がるシベリアとサハリンの景色は似ているだろうか，また，サハリンの町並みやそこに暮らす人々の生活様式は，シベリアのそれらと同じであろうか。そのような興味ももちつつ，山田はサハリンの鉄道で行ける北端の町ノグリキまで行ってみることにした。そこは北緯50度以北，日露戦争後もずっとロシア・ソ連領だった町である。日本の支配を経験したサハリン南部と，どこか違うのだろうか。

稚内からフェリーに乗り，コルサコフ（大泊）に渡った。コルサコフからは車でユジノサハリンスク（豊原）に移動し，駅前のホテルにチェックインした。夕飯を食べようと周辺のお店を探すが，飲食店はあまり多くない。町の灯りも少なく，全体として夜は暗い印象。このあたりはシベリアのロシアの町と変わらない。目ぼしい店が見つからず，結局スーパーでパンや惣菜を買ってホテルの部屋で食べた。次の日の夜から夜行列車に乗るので，必要な食材もこのときスーパーで買い込んでおいた。パン，チーズ，ハム，チャイ（紅茶）などは，長い列車旅には必携品である。

次の日の朝食は，ホテル1階のレストランでとった。このときは気づかなかったが，このレストランは，研修旅行本隊がサハリン最初の夜に夕食のため訪れる場所だった。

この日はユジノサハリンスク市内各地を見てまわった。駅前広場から共産主義者通りを進み，日本時代の地図と見比べながら，ここが豊原高等女学校だったところ，ここが樺太庁だったところと，一つひとつ確認していった。

通りは白樺の並木があり，夏の明るい日差しのもとすがすがしさを感じながら，樺太神社跡まで進んだ。ロシア風の建物や白樺並木，街を歩くロシア人（とくに若者の姿が多い）を見ていると，ここがヨーロッパの街のように思えてくる。北海道のすぐ隣にある「ヨーロッパ」というフレーズを実感する。旧樺太神社前には，ソ連時代に作られた対日戦勝記念のモニュメントが並んでいた。その先のガガーリン公園には，研修旅行のときには講演会が開かれるホテルがある。公園は遊園地となっており，山田も観覧車に乗ってみたが，人が乗る部分は座席の周りに柵があるだけで全体が覆われておらず，とても怖い。池を1周するミニ鉄道は，子供が車掌や運転士の手伝いができる。規模は小さいが，実際の石炭を使って走る本物の鉄道だ。この公園は，日本時代は「豊原公園」と呼ばれ，多くの日本人でにぎわったところであった。現在はロシア人の親子連れでにぎわっていた。公園からは，ロシア正教会の建物を見学して，駅に戻った。

駅からは，夜行列車で北端のノグリキまで行く。寝台列車で1泊2日の旅。車中ではロシア人の親子と一緒の席になり，片言のロシア語や英語を使って会話した。息子はサハリンで高校まで通い，今後は大陸の大学に通うことになるという。日本のスポーツや歌についても話をし，サハリンの市民の考えが少しわかった気がした。車窓から見える風景は針葉樹林の連続。日も暮れて変わり映えしない景色にいつしか眠りにつき，気づいたときにはすでに北緯50度線を越えていた。

ロシア国旗のカラーに塗られた夜行列車で，北端の町ノグリキを訪れた。

ノグリキに着いたのは朝。下車した客の数はまばらだったが，その中に，行きのフェリーで出会った日本人男性の姿があった。男性は朝鮮系ロシア人のガイドを連れており，ガイドにあれこれ頼んで，行きたいところを回っているようだった。

駅前から町の中心部に行くバスは，いっこうに来る気配がない。時刻表もなければバス停の表示すらない。周りに商店も何もない。ロシア人たちは迎えが来るなりして，一人また一人と姿を消していった。残ったのは，山田と例の日本人男性とわずかなロシア人。不安になりつつも，日本人男性と話をしながら待つ。

どれくらい待ったか，ついにバスが来て，ようやく町の中心部まで行くことができた。中心部といっても，教会と広場の周りに住宅が広がるだけで，これといって見学する施設があるわけではない。しかし山田は見学施設より人々の日常に興味があり，町を散策したり商店に入ってみたりして，現地の生活をうかがい知ろうとした。

子供が多く，彼らはたくましい。見知らぬ外国人が現れると，あれをくれこれをくれと，目につくもの何でもほしがり，「ダメだ」と言ってもしばらくついてくる。

町はそれほど大きくなく，5分も歩けば郊外に出てしまう。護岸されていない川の流れやその向こうに広がる森を見て，日本ではなかなか出会えない自然を楽しむことができた。

中心部に戻り，公園で人間観察を続ける。公園では，多くの若い女性が子供を連れ遊ぶ姿が見られた。日本では晩婚化が進み，十代や二十代前半の母は少ないが，ロシアでも中国でも，若い母が多い。

帰りの列車まで時間を持て余していると，例の日本人男性にまた会った。行く場所がないので皆同じような場所をうろうろしているのだろう。「見るところないですね……」と話していると，男性のガイドさんが，「郊外にアイヌの資料館があるけど，行ってみませんか」と提案し，山田もこの案に便乗して一緒に行くことになった。

タクシーを捕まえ，郊外の舗装されていない道を進んでいくと，林の中にその資料館があった。「こんなところにわざわざ人が来るのだろうか」と思ったが，来館者のノートには，日本人の記録がたくさん残されていた。展示されている資料はアイヌやニブヒの人々が作った物や使っていた物，彼らの暮らしの説明など，興味深いものが多かった。

資料館を出ると，ついにやることがなくなった。お昼の時間でもあったので，この「旅の道づれ一行」は，町のはずれの見晴らしのよい広場でピクニックのようにしてお昼を食べることとした。

聞くとこの日本人男性は，かつては船乗りとして世界各地の港を回り，船を降りてからは北海道に住み，日ロ関係に興味をもち，サハリンを訪れたのだという。世界を回った経験から，今回の旅でも綿密な計画は立てず，その場その場で興味をもったところに足を運ぶというスタイルで旅をしているようだった。

ガイドの方は親の代に樺太に渡った朝鮮出身の家系で，彼自身は日本時代の樺太生まれで，その後日本の敗戦を経てソ連の支配下で暮らしたが，数年前に韓国籍を取得したという。「韓国生まれではなく，韓国で暮らしたわけでもないのに，なぜ韓国籍をとったのか」という質問に対しては，「自分の家のルーツは朝鮮半島で，今も親族は韓国で暮らしている」とのこと。そして小さいころから樺太で身に着けた日本語で，今，日本人相手のガイドをしている。まさにサハリンを巡る歴史を体現したような人生に触れることができた。国籍とは何だろう，故郷とは何だろう，そう考えさせられた。

ノグリキから鉄道でユジノサハリンスクに戻り，そこからは路線バスでホルムスク（真岡）に向かった。

ホルムスクへの道はガタガタ。バスのサスペンションはきかず，何度も座席から飛び上がりそうになる。途中，九十九《つづら》折《おり》の箇所を通り，「ここが熊笹峠だ」と悟る。多くの日本人とロシア人が亡くなった場所だ。

ホルムスクが近づくと，目の前に青い海が広がる。海沿いの通りを歩いた後，丘に登り，港を見渡した。かつてはここでソ連軍の艦砲射撃があり，真岡郵便局の９人の電話交換手の悲劇があったのだ。今は穏やかな時間が流れている。日本人とロシア人が争うこともない。

港近くの市場を訪れ，市民の食料事情について考えた。ロシアらしく肉製品が多いが，海産物も目に付く。日本時代から漁業が盛んな町である。

かつての王子製紙の工場はソ連時代も操業していたが，1993年以降は生産を停止し，現在では廃墟となっている。フェリーターミナルには，大陸との間を往来するコンテナ船が停泊していた。ここでも，時が流れたことを感じさせられた。

ホルムスクで1泊し，次の日はユジノサハリンスクを経由してコルサコフまで戻る。コルサコフでは旧北海道拓殖銀行大泊支店など，日本時代の遺跡を見学した。

コルサコフで1泊して，翌日にはフェリーで稚内に戻った。

この旅では，日本時代や戦争のことを感じる一方で，現在のロシア人たちの平和で幸せそうな暮らしを見ることができた。街には幼い子供を連れた親たちが多く見られ，市場やスーパーに行けば食べ物も豊富にあり，ロシア経済が好調なせいか，人々は豊かな生活をしているようだった。5年前に訪れたモスクワやシベリアの町で受けた印象とはずいぶん違い，全体として明るい印象を受けた。また，サハリンには，郊外にたくさんの自然が残っている。開発が進む日本では失われてしまった自然や人々の暮らしが，そこにあるように感じた。

日本のすぐ隣，それほど時間もかからないところにロシア人がいて，日本とは異なる暮らしをしていることを実感した。宗谷海峡を挟んで異なる暮らしがあるという事実があり，それでも実際にサハリンに行ってみて，ロシア人の優しさに触れて，共感できることもたくさんあるということがわかった。

サハリンは多くの日本人が気軽に旅するところとはなっていないが，海峡を越えて人々の交流が進み，北海道から見たサハリン・ロシアと，サハリンから見た北海道・日本という両者の視点に立つことができるようになれば，日ロ間の意識の違いも少しずつ埋まってくるのではないか。研修旅行を通じて生徒たちが日本の立場とロシアの立場の両方に目を向けられるようになり，現地を知って，自分の意見をもって日ロ両国の間の問題を考えられるようになってもらえれば幸いである。そして，日ロに限らず，その先にある大きな国際問題に一人ひとりが関心をもって関わっていってくれることを願う。研修旅行がそのための第一歩となれば，何よりである。「下見」を通じてそんなことを考えた。

さあ，次はいよいよ生徒がサハリンに行く番である。

8　映画「氷雪の門」助監督・新城卓監督来校

ハートランドフェリーの今氏と菊地のメールでのやりとりの中，課題映画の話題になっていた。「氷雪の門」をもう一度観賞したいということを，今氏は菊地に語っていた。菊地はそれならばと「氷雪の門」上映委員会に連絡し，DVDを今氏宛に送ってもらうように手配した。

この上映委員会との連絡は，課題映画上映会のときにも行っており，夏休みには映画に関する資料を送っていただいていた。

菊地は上映することができなくなった経緯についてうかがいたい旨のメールを委員会に打っていた。

> 中央大学杉並高校の菊地です。先日は「氷雪の門」に関する資料をありがとうございました。夏休みがあけ新学期があわただしく始まり，御連絡が遅くなってしまったことをお詫び申し上げます。
>
> さて，いただいた資料をもとに，サハリンに渡る生徒たちと話をすることができました。多くの生徒がテレビドラマになった「霧の火　樺太・真岡郵便局に散った九人の乙女たち」（以下「九人の乙女）を見ており，あらためて「氷雪の門」について，日本

とソ連の関係について，また現在のロシアとの関係を考えさせられました。生徒にとっては「考える」よいきっかけになったと思います。

この間，修学旅行の事前学習をしていて思うのは，樺太の悲劇について書かれたものが非常に少ないということです。少ない資料を眺めていると，樺太で起こったことを正しく認識することは高校生にとって大変に意義深いものだと，確信するようになってきました。小生は教員として語り伝えなくてはいけない「話」の一つに，樺太のことを刻んだ次第です。

先日のメールでお尋ねしていた，「『氷雪の門』はなぜ上映できなかったのか」という疑問には一定の答えを得ることができたのですが，その時の製作者の皆さんの思いを直接うかがうことができないだろうかという気持ちが，私たちの中にあります。もし先生方の御都合がよろしければ，生徒とともにお話をうかがいたいという思いです。

新城先生が「できることなら『氷雪の門』を全国の学校に寄付して，生徒たちに見てもらいたい」とおっしゃっていることに甘えての，わがままなお願いです。お忙しいことと存じますが，先生に直接お話しいただければ，生徒にとっても意義深いものになるだろうと夢想してのことです。無礼を省みずに書き連ねていることをお許しください（この件，もし今井様の御判断で不可能ということであれば，どうぞ御放念ください）。

余談になりますが，実は新城先生の『俺は，君のためにこそ死ににいく』（注：陸軍の特別攻撃隊を描いた映画で九州の知覧の特攻基地が舞台になっている）を学校で上映してほしいと，東映に連絡させていただいたこともありました。その時の２年生の修学旅行先が沖縄だったので，「平和教育の中の沖縄戦」と位置づけようと考えておりました。

試写会にうかがうことができ，衝撃的な映像に驚きました。「隼」（注：陸軍の一式戦闘機の愛称）が細やかに復元されていたり，飛行帽が防寒用のものと夏用のものが混在しているあたりにも，史実を忠実に再現しようとしている先生の姿勢が読み取れ，興奮しながらうれしく拝見したことを思い出します（小生の亡父は陸軍の少年飛行兵で，大刀洗で訓練を受けたあと京城へ行き，対沖縄要員になっておりました。知覧からも同期生が飛んでいっているようです。その後，対ソ要員に編成され，戦後は抑留され，樺太経由で日本に復員したようです。私は自分の「生」を考えるときに，父が生き残ったことを避けて通れないと，いつも思っております。父が亡くなる直前に知覧の記念館に行ったのですが，遺品や遺墨にはあまり目をやらず，散華された方の写真を丁寧に見て，あるいは小声で，あるいは大きな声で，お名前を呼びかけていたのが印象的でした）。

話が横道に反れてしまいすみません。もう一つお願いがあります。

今回のサハリン修学旅行を提案してくださったのは，ハートランドフェリーというロシアとの定期航路をもっている会社の課長さんで，今さんという方です。この方の熱意がなければ，学校は修学旅行にサハリンコースを選定することはできなかったと思います。先日彼と話をしていた時に，「『氷雪の門』をもう一度観たい」という話になりました。ぜひもう一度観てもらいたいと思いますので，DVDをお送りいただけないでしょうか。できれば学校に送っていただいた資料も添付してください。よろしくお願いいたします。

サハリンへ行く日が近づいてきて，いろいろと思うことがあり，思いばかりが前のめりになってしまっております。いきおいこのようなメールを出させていただくありさまです。高校教員の愚とお笑いください。

お忙しい折にこのようなメールで皆様を煩わせてしまい，たいへん申し訳ありません。どうぞ御海容ください。

すると，上映委員会から，思いもかけない返事が戻ってきた。新城卓監督が「ぜひ中杉に行って，生徒を前に話をしたい」と言っているので，予定の調整をしたいという内容であった。

菊地は狂喜した。忙しい監督がわざわざいらしてくれる。お会いできるだけでもうれしいのに，生徒を前に話してくださるというのだ。

しかし学校・学年では監督への謝金を用意することができない。その旨を正直に伝えると，「そういう問題ではない」と優しく諭され，監督は手弁当で中杉を訪問してくださることになった。

研修旅行出発直前の9月27日の放課後，視聴覚室にサハリンコース参加の生徒と希望者が集まり，新城監督の話をうかがった。「この映画は製作予算が3億数千万円の超大作だったのですが，ソ連の圧力により，公開直前に上映が取りやめられた映画でした」と話が始まった。そして『樺太一九四五年夏――樺太終戦記録』（金子俊男，講談社）などの資料を丹念に検証して映像化したもので，フィクションではない点を繰り返されていた。

監督は，「氷雪の門」にとどまらず，映画制作の苦労や出身地の沖縄について，熱く語ってくださった。それは高校生相手の啓発的な内容とはひとあじもふたあじも異なる，やや挑発的とも感じられるほど濃い内容のものだった。そして生徒には「ほかに質問はない？」と何度も気さくに問いかけてくださり，和やかな雰囲気で質疑応答がなされた。

飾らない監督の言葉に，多くの作品に込めた「真摯な思い」がひしひしと感じられた。菊地は熱い思いとその根底に流れる温かい気持ちを感じ，幸せな気分に浸っていた。

1｜新城監督の講演（要約：一区切りごとに◆を付した）

監督は，「映画監督というのは，お喋りがあまり上手ではないものなんだ」とお話を始めた。

◆映画を作った張本人なんだから，リアリズムを知っているというか，生の話ができるんだよ。

「氷雪の門」を撮った30年前は，セカンド，助監督。映画というものにはフィクションが多いが，「氷雪の門」は限りなく史実に近くなるように作った。フィクションは起承転結を付けやすいが，ノンフィクションではそれは難しい。史実を調べるために数冊本を読んだが，そのときに泣いてしまった。「こんな史実があったのか」と，驚いたんだ。

とにかく嘘があってはいけないので，戦争当時の会話や通信業務について，細かに調べた。製作費は3億円超。撮影時は田中角栄首相の時代で，自衛隊が全面協力してくれた。撮影には実弾を使ったんだ，空砲の10倍の値段がするんだけど。戦車にはいろいろな種類がある。M20という古い型の装甲車が練習用に残っていたので，史実を再現するために，それを二十数台借りたんだ。

ソ連兵が子供を抱いた女性を撃ったり，白旗を揚げた日本人を問答無用で撃ったという史実がある。このことは伝えようと思った。

◆歴史を大きな目で見ると面白い。8月6日に広島に原爆投下。ソ連が日ソ不可侵条約を破って樺太に攻めてきたのは8月9日。アメリカは，原爆投下後すぐに日本が講和条約を受け入れれば，ソ連からの攻撃は防げると思っていた。しかし日本は，長崎への投下まで結ばなかった。

◆ソ連が攻めてきた時，日本側はわけがわからず，「抵抗するな」と上から命令されていた。

ソ連が送ってきたのは囚人部隊。彼らの婦女子への暴行や数々の強奪は，映画では再現できなかった。映画が人に与えるインパクトは大きいので，「そこまでやる必要があるだろうか？」と話し合った結果，再現しないことにした。ソ連側からの反響も大きそうだったのでね。

この映画が上映中止になった理由としては，政治的圧力も大きいが，配給経路の問題があった。制作が大手会社ではないので東宝を通して配給しようと思ったが，当時，東宝がモスクワでロシアとの合作映画を製作中であり，「『氷雪の門』を放映したら，その映画の制作を中止する」と，ロシアから言われたんだな。

上映中止を伝えられたのが，封切り1週間前。唖然としたよ。大損害になった。

自分は沖縄出身。沖縄の悲劇はよく耳にすると思う。「ひめゆり部隊」など。自分は樺太での事件を知らず，知って唖然とした。自分は大した監督ではないが，この映画が伝える史実が「あった」ということを，知ってほしい。

◆大阪で，「沖縄の渡嘉敷島での集団自決があったのか，なかったのか」ということをきかれた。自分はいつも「そんなことは一番下の次元の話だ。沖縄の一番の悲劇はなんだと思っているんだ」と，逆に聞き返している。

◆「沖縄の一番の悲劇は，信じていた日本に裏切られたことだ。アメリカが攻めてきたからではない。今日でも同じだが，日米安保条約を結んで，沖縄だけが75%も基地を抱えなければならないことだ。なぜ沖縄がそうならなければならないのだ」と聞くと，誰もが「しまった」という顔をする。石原都知事に話したところ，「そうは言っても，日本は負けたのだから……」と言われた。それはわかるが，いつまでなのだ。

◆沖縄の嘉手納空軍基地には，給油タンクが一つもない。地下ケーブルから油が来ている。そのせいで地下工事ができない。これを誰も知らない。普天間基地は海兵基地。これらを辺野古に移すという話がある一方で，嘉手納基地のほうに併合してしまえという案もある。軍は陸海空軍＋海兵でできているが，普天間基地は海兵の基地。空軍はエリート。海兵は教育が十分でない。事件を起こしているのは海兵。空軍が起こした事件はない。この二つの基地を併合できるわけがない。

◆沖縄でヘリ墜落や婦女暴行が起こるのは当たり前。彼らは人殺ししか教えられていないんだから。むしろ事件が起きないほうがおかしい。沖縄はいつまで我慢すればいいのだ。

◆基地予算7000億円。もっと国に要求するべきだ。国側が渋ったら，安保条約を見直せばいい。

◆沖縄では公民化教育が徹底された。言葉や顔が少し違うので，「日本ではないのではないか」と言われることがしばしばある。

これは根本的な差別だと，自分は思う。沖縄の方言は伝わりにくいが，根本にあるのは大和言葉である。悪い子供を「ヤナワラバ」と言うが，これは「嫌な童」，つまり駄目な童。良い子供は「ミヤラビ」と言い，美しい童と書く。これらを「日本語ではないみたいだ」と言われた。しかし，大和言葉がそのまま残っているのが沖縄なのだ。沖縄にはいろいろな歴史があるが，公民化教育が一番徹底されたのが沖縄なのだ。この教育が徹底しているからこそ，「言われたことは聞かなくてはいけない」と，沖縄人は思っている。

◆悲劇が起きたのは南方，つまりフィリピン・サイパン・テニアン・パラオ。これらの場所に，沖縄人が強制移住させられた。サイパンの万歳岬からの飛び降り事件は，ほとんど沖縄人である。サイパンの人口の8割は沖縄出身。そういう史実をきちんと教育していないことが大問題。「死んで辱めを受けず」という教育を受けているからこそ，飛びこむ。

◆知っている人はほとんどいないが，パラオには昔，「オレンジビーチ」と呼ばれるビーチがあった。現代の人はそれを見て「きれいだ」と思うだろうが，戦争当時は日本軍の血でオレンジ色に染まっていたのだ。真実を知るとゾッとする。それが歴史である。

＊

このあと，監督は沖縄関係の話を続けた。監督の話は常に生々しく，生徒たちは「そんな話を私たちにしてくださっていいのですか？」という戸惑いを抱きながらも，受け取めていった。

◆自分は「俺は，君のためにこそ死ににいく」という映画（2007年）を撮った。知覧の特別攻撃隊の話だが，これに関しても，撮る前に多くの資料を調べた。知覧から特攻に行く前に脱走した者がいたのかいなかったのかなど。調べると，ほかの所からは脱走した者がいたが，知覧ではいなかったことがわかった。

映画を撮るときは，どこにスポットを当てるかが重要。知っていることをあえて晒《さら》さないのは自由だと思うが，史実をしっかり見ておかないといけない。

特攻隊に行った人が皆馬鹿だったのかといえば，そんなことはまったくない。皆，日本が負けるのではないかということは知っている。しかし自分が行かないわけにはいかない。行かなければ，卑怯者と呼ばれてしまう。「父母，恋人のために行くんだ」と言っていることは，史実なのだ。

あんなもの（特攻）は無駄だったのだという，今時流行りの批判的な映画を作った場合に，先ほど言ったような史実を無視することになる，これはいけないと思う。自分は沖縄出身で，右翼でもなんでもなく，一部の日本兵や今の日本の政策には憤りを感じる，どちらかといえば左派だが，そんな自分がなぜ特攻についての作品を作るかといえば，「彼らの純粋さが，作家や監督に作品を作るチャンスを与えてくれているのだから，それを裏切るわけにはいかない」という気持ちがあるからだ。

自分はこの映画で石原都知事（当時）とタッグを組んだ。彼は「鳥濱トメさんというおばあさんに聞いた話なので，おばあさんから始めたい」と言ったが，自分は「そんなものじゃ誰も見ない」と拒否した。これは特攻で死んだ若者たちの青春を描く映画だが，彼らは今の君たち（中杉生）と一緒なのだ。なにが違うかと言えば，彼らはわかっていて行ったのだ。知覧では逃げ出した卑怯者はいない。先ほど言ったように，両親のため・恋人のために，自分が行かなければまずいと思ったのだ。これが凄い。美化しているわけではない。この史実を撮りたいと思った。

前提として，特攻の話を描きたいと思っていた。「氷雪の門」では助監督を務めたが，樺太の悲劇は激烈だと思った。戦争は本当にやってはいけないことなのだ。

戦争にはさまざまな悲劇があるが，パターンの悲劇ではない。小さな悲劇が本当にたくさんある。

自分は「俺は，君のためにこそ死ににいく」を撮るときに，数名いる生き残りの人々の話を聞きに行った。失礼な質問だとは思ったが，「自分が生き残ったことについて，恥に思っているのか」ということを聞いた。すると，「そういう気持ちはまったくない。自分は撃ち落とされて，徳之島経由で帰ってきたが，真っ先に考えたのは，自分の部隊の誰かが戻ってきていないかということ。帰る時に隊員の名前を全員分呼んだが，一人もおらず，愕然とした。生き残ったというよりは，『先に行かれてしまった，しまった』と思った」という答えが返ってきた。それが真実だと思う。

自分の映画では，この人のことを描いた。

映画にはフィクションもある。史実を知っていてあえてそうするということもあるだろうが，史実のもつ力強さというものがある。それを伝えることが，我々モノを作る人間に課せられているのだと思う。

＊

質問　今回のお話とはあまり関係ありませんが，氷雪の門で通信が切れた後の話は，史実に残っているのですか？

◆非常に大事な話だ。9人の乙女が青酸カリを飲んだ話だが，最近，日本テレビのドラマで，同じ題材の「霧の中」というものがあったが，それは史実と違う。逃げようとした者はおらず，凌辱されないように自分の足を縛った。凄い道徳観念だと思う。

ドラマのほうは「命こそ大事だ。凌辱されてでも生き残れ」と表現していたが，そこは問題だと思う。史実をどう若者に伝えるかが大事。そのようにする方法もあるかもしれないが，自分にはできない。「特攻に行くのは嫌だ」と逃げた人が，「だから自分は生きているんだ」と言うのは，少し違う気がする。

プラグを抜いた後は，確か史実。映画で使っていた電話交換台も，博物館から借りてきた本物。借りてくるときに，えらくもめた。

何でもいいから聞いてくれ。

質問　「氷雪の門」を，今，映画館で公開できますか？

◆できないと思う。できたらテレビでも放送したい。みんなビビるだろう。史実だから怖い。ただこれを立ちあげてDVDにしているが，クレームがきたことはない。しかし，映画の上映はやってくれる所はないと思う。自分が「金を払うからやらせてくれ」と言えば，できるかもしれないが。

和歌山の一部の人がフィルムを持っているので，8月15日に，市民会館で一度だけ上映している。三重の大学の図書館にも，フィルムが残っている。地方ではぽつぽつとやっているところはある。基本的にはやらないと思う。フィルムの耐性がギリギリ。劣化してきている。

質問　沖縄出身なのに，なぜ最北の樺太についての映画にしたのですか？

◆樺太の悲劇というのを知って，それを詳しく調べて衝撃を受けた。戦争の悲劇は沖縄だけだと思っていた。もちろん広島・長崎のことは知っていたが，地上戦があったのは沖縄だけだと思っていた。「こんなことがあったのか」と驚いた。自分は助監督だったので，この題材を選んだわけではないが，この仕事がきた。

質問　東宝に裏切られるような形で上映中止になって，ほかの会社で上映しようとは思わなかったのですか？

◆1週間ほど東映の洋画上映館でやった。大人の駆け引きというか……。望月さんというプロデューサーは，東宝に裏切られて大赤字を出してしまった。代わりに，次の「海軍特別年少兵」という映画は東宝でやるという契約を取り付けた。はっきりと細かいことは知らないが。

東宝は大会社なので，立場というものがある。ソ連も「上映するな」とは言っていないが，「合同制作の映画を撮らせない」と，間接的な圧力をかけた。政治家同士が話し合ったということはない。しかし，田中角栄さんが首相でなければ，自衛隊は使えなかったと思う。自衛隊にお金を払った記憶はない。

撮影の逸話としては，御殿場で戦闘シーンを作って，調布の撮影所で電話交換台のセットを作って，常磐ハワイアンセンターでオープンセットを作って，そこで郵便局を組み立てた。大変だったのは，民家のテレビアンテナを全て外してもらい，撮り終わってからつけ直してもらったこと。映画は結構大変。テレビなどない時代の風景を撮るときに，アンテナが映っていたらおかしい。

ときどき「氷雪の門」を観直すが，そのたびに「しまった」と思うシーンがある。「二木てるみ」が窓から見ているときに父親と弟が撃たれるシーンがあるが，そのときに，血を付け忘れてしまった。血糊を付けるのは，自分の担当ではないが。

▶監督と一緒に該当部分を確認した。

◆映画は1コマずつ撮るが，頭から順番に撮るわけではないのが難しい。撮影の場所や役者のスケジュールの兼ね合いになるから。しかしながら同じような演技を一貫しなければならないので，難しい。「俺は，君のためにこそ死ににいく」では，ラストシーンから撮った。なぜかといえば，桜が満開だったから。

しかし，30年前の映画を当時まだ生まれていない君たちが観ることになるのだから，史実を曲げて表現してはいけない。

◆自分は「OKINAWA BOYS オキナワの少年」（以下「オキナワの少年」，1983年）という映画でデビューしたが，これも全て沖縄の史実だ。冗談じゃない。なぜ沖縄が日本の犠牲にならなければいけないんだ。この映画にはアメリカの4軍（陸・海・空，海兵）がすべて協力していながら，反米映画。そこが面白い。騙したわけではない。アメリカの国防省に問い合わせたところ，「現地の司令官と話をしろ」と言われ，現地の司令官と話をした。アメリカには幅がある。ビッグマンだ。もちろん通訳を置いての話だが，「わかった。あなたの心意気に敬意を表して協力しよう」と言われた。

そして，「何を協力したらよいか」と聞かれ，まず，戦車を150台要求したが，沖縄には150台もなく，五十数台だった。しかし，それを全て貸してくれた。「何かあったときは，どうするんだろう？」と思った。次に，「兵隊が1万5000人必要だ」と言うと，「緊急時にどうするんだ」と言われて，500人ぐらいで妥協した。アメリカは凄い，全部協力してくれた。「嘉手納基地を使いたい」と言うと，「どうぞ」と言われた。どこでも使っていいということだった。

日本はケチくさい。「飛行場を使わせてもらいたい」と言うと，「何処のエリアを何時から何時まで，何名で……」と始まる。アメリカはみんなOK。反米映画なのに。素晴らしいと思う。

自分は最後に，「この映画が日本で公開されたら貴方の責任が問われるのではないか」と司令官に聞いた。すると，「大丈夫だ，心配するな。自分は貴方の心意気に惚れ込んだんだ」と言われた。

映画が上映された1週間後に挨拶に行ったら，司令官はクビになっていた。悪いことをしたと思う。そのことについてNHKの「わが心の旅」という番組で話したところ，「アメリカに飛びましょう」と言われ，退官したその司令官を探したが，見つけられなかった。

◆「氷雪の門」の一番の思い出は，最後のシーンの撮影のとき。そのシーンは上から撮るので，本来ライトを置く「二重」というところに乗ってカメラを持ち，その上にある「三重」というところにライトを置いた。そこからセットをズームで撮ったのだが，ズームを使うときは，通常よりも大きいライトを使わなければならない。汗が止まらなくて，頭にタオルを巻いて作業した。長い間映画に携わっているが，ズームでそのライトを使ってセットを撮る経験は，そのときにしかしていない。

質問　樺太には行っていないんですか？

◆行っていない。当時は樺太には行けなかった。樺太らしい写真を集めて，それらしい場所で撮影した。関係者はずいぶん亡くなった。つい最近，森田さんというプロデューサーが亡くなって，「次は自分の番かな」と思っている。ほとんどもういない。

質問　電話交換手は9人いたといいますが，その9人の心情や生活，背景は記録がないので，再現は難しかったのでは？

◆史実はある。だいたいそれをきちんと調べて，表現できた。

今やっている「おくりびと」という映画の脚本を見たとき，ひきつけ方がうまいと思った。自分も師匠に習ったが，映画には，途中で眠くなってしまうものと，引き込まれていくものがある。大体，それを計算しなければならない。そこで重要なのが，「人物」である。名前もそう。ただ「菊池」や「高橋」ではなく，どの「菊池」なのかということまで調べる。

◆必ず行く道と帰る道は違う。見えるものが違うから，それをインプットしていく。

「浦《うら》山《やま》桐《きり》郎《お》」という監督がいるが，休みの日に電車の中で寝ていたら，「助監督なのに寝ている奴があるか！　だからお前はダメなんだ！」と怒られた。「電車の中から見える景色を，きちんと覚えておけ。映画で役に立つ」と言われた。

遅刻をして怒られた。「なぜ予め1回来ないんだ！　一度来れば，逆算してちゃんと来られるだろう！」と言われた。なるほどな，と思った。助監督は，そういうところを仕込まれる。自分はそれから一度も遅刻していない。必ず1時間前に行くようにしている。1時間あれば，手が打てる。

監督はよく，「右から行っているけど，左からにしよう」などと言い出す。1時間あれば，頭を働かせて手を打ち，臨機応変に行動できる。「普通のシーンではつまらないから雨を降らそう」などと言われても，衣装をどうにかして……という手が打てる。いつもそういうふうに生きている。

◆人を見つめるのが一番大事。例えば電車に男女が乗ってきた時，その二人の関係は何なのかを考える。映画ではそれが一番大事。芝居を見て，「悲しみが足りない。もっと深く考えこめ」と言う。監督は答えを持っているが，あえて役者に考えさせる。

簡単に言えば，もし人が車に轢かれて救急車がくると，普通の人は倒れている人を見るが，監督というのは集まった人の顔を見ている。これが勝負。例えば，子供が轢かれて動転する親も想定できるが，ショックのあまり呆然としてしまう親もいる。普通の人が見るものを，逆から見る。反応がオーバーなのか，足りないのか。そういう芝居を，監督は学ばなければならない。そして，それを役者に伝えなければならない。

「オキナワの少年」の撮影で，そのことで役者と喧嘩になったこともあったが，「自分は沖縄出身だ。ここでの反応は俺のほうがわかっている」と言って納得させた。沖縄の人々の多くは，感情を抑えてしまう。日本人全体に言えることだが，沖縄人は特にそうだ。「悲しいから泣く」というのも当たっているが，「悲しいから泣かない」というのも当たっている。

質問　「氷雪の門」をサハリンから引き揚げてきた方に見せたことはありますか？

◆団体にはない。満州と樺太からの引き揚げ者は扱いが違う。満州は厚生省，樺太は総務省。樺太連盟も，サハリン連盟と別れている。こちらで見せたらあちらで問題になり……ということになるので。

質問　映画の中にロシア兵が出てきますが，本物ですか。

◆外国人のギャラは高いので，自分がやったりもした。ロシア兵は二人。エキストラは，自分などの助監督。

質問　撮影中，役者に「ここは気をつけろ」と言ったところはありますか。

◆そればっかり言っている。全体的に注意することはない。例えば，何百人といるシーンで誰か一人が欠伸《あくび》をしてたら台無し。監督は，そういうところに気が付く。映画監督は大胆で繊細。監督は最終審判である。役者は真剣でないといけない。

みんなが一つになった瞬間が好きだと言う人が多い。映画は撮ったあとで言い訳できない。

「俺は，君のためにこそ死ににいく」でラストシーンから撮ったのは，非常識。しかし，桜の満開期は２日ほどしかない。それを考えたら，やるしかない。「しょうがないとはいえ，監督は傲慢だ」と言われるが，右翼でもなく特攻隊にエールを送ったわけではなく，史実を再現したかった。スタッフもわかってくれたと思う。言うべきことは大物にもきちんと言う，それが大切。

2｜新城監督講演のまとめ

監督はパイプ椅子に座り，マイクを持ちながら気さくに生徒に話しかけてくださった。生徒は驚きながらも新鮮なお話に熱心に耳を傾けていたようである。普段教員から説教臭い話ばかり聞いている生徒にとって，監督の講演は刺戟に満ちていたに違いない。貴重な体験になったことだと思う。

この講演会から，生徒の目つきが変わったような気がする。良質な刺戟が生徒を成長させていく，だんだんだんだん生徒が変わっていく，それは私たち教員にとって最高の喜びでもある。教科教育では得られない「学び」が生徒を成長させていく，そんなことを実感できる素晴らしい時間であった。

一方で，このような「学び」を約束してくれる良質な刺戟が，研修旅行終了まで続いていくことを，なかば確信できた。そんな時間が持てたことは，生徒にとっても教員にとっても幸いであった。

9　水岡不二雄先生の特別講座

ハートランドフェリーの今氏から教えていただいた一橋大学大学院経済学研究科の水岡不二雄先生のサイトを，菊地は丁寧に読んでいた。大学生を連れてサハリンを巡検した様子を，水岡先生はホームページで報告していた。このホームページからは，さまざまなことを学ぶことができる。そして先生のアドレスに中杉の研修旅行の取り組みを伝えながら2，3の質問を送った。先生は菊地の質問に丁寧にお答えくださり，「ぜひとも高校生を前に話をさせてほしい」と返事をくださった。水岡先生と菊地のやりとりを，そのまま紹介してみよう。

1｜水岡先生との一問一答

菊地　水岡不二雄先生，メールありがとうございました。アフリカお疲れ様でした。また巡検報告が厚くなっていきますね。それを見た人たちが，私どものように教えを受けることになるのだと思うと，御活動の重要さを実感するとともに御活動の熱意と御努力に頭が下がる思いでおります。

水岡先生　修学旅行は，いくつかのチームに分かれているご様子ですが，樺太に行く生徒は何人くらいなのでしょうか。交通は，稚内からフェリーですか？

菊地　樺太には34名が参加します。多くは道東コースに参加することになっています。道東コースの生徒は北方領土関係の学習を厚く行っています（生徒には北方領土まで領土として記載されているサハリン州の州旗などを見せて，立場の違いや問題を孕んでいる実態を感じさせております）。交通手段は稚内からハートランドフェリー（旧東日本海フェリー）のアインス宗谷で渡ります。上陸後は貸切のバスを使います（ビートモという会社で手配しました）。

水岡先生　北部や，国境線跡には行かれないのでしょうか。

菊地　日程が4泊5日と限られており，北部へ行くことは断念いたしました。

水岡先生　もしよければ，樺太訪問を志された生徒さんに会ってみたい気もします。

菊地　そんな機会がもてれば，生徒にとっても刺戟的だろうなぁと夢想します。サハリンに行かれたゼミの学生さんからお話がうかがえないかなぁなどと夢想してもおります。

水岡先生　大泊／コルサコフや豊原／ユジノサハリンスクでは，日本統治時代とソ連統治下で都市がどのように変わったか，生徒に調べさせると面白いと思います。

菊地　ありがとうございます。さっそく生徒に伝えました（遅すぎるのですが……）。

水岡先生　サハリンⅡは，コンビナートではなく，ガスを液化する工場を建設するための作業基地です。労働者の生活は，すべてこの基地内で完結するように設計されています。

菊地　ありがとうございます。サハリンⅡについてももっと調べなくてはいけないなぁと思いながら，後回しになっております。近くに行くことだけは約束してくれたのですが，中に入ったり，関係者に話をしてもらうことはできないと言われてしまいました。

水岡先生　豊原／ユジノサハリンスクでは，このほか，お城風の建物で有名な，博物館の視察は不可欠と思います。旭ヶ丘／ゴルヌイボーズドフのスキー場に車で登ると，街が大変よく見えますから，こちらもお奨めです。樺太神社跡は，よく事前に調べておかないと，どこに社殿や参道があったかなど，いきなり現地に行ってもわかりません。コンクリートで校倉造ふうに作った宝物殿は，今でも残っています。戦前の5万分の1地図を国会図書館などで複写して生徒に配布されることをお奨めします。

菊地　下見に行った折に，漠然と戦前の地図と対比させたのですが，うまくいかず今度行くまでにはしっかり比較させようと思っています。豊原高等女学校出身の方からお話をうかがったりして，生徒にとっても少しずつ地図が認識され始めました。

水岡先生　大学生と交流をもたれるのでしたら，日本が主張している「北方領土問題」は，避けることのできないテーマです。ゼミのHPでも詳しく書いておきましたが，折角ですから，この際，率直なロシア人の意見を聞いてみられると興味深いのではないでしょうか。

菊地　「北方領土学習」に関してはこの研修旅行の大きなテーマの一つです。ずいぶん時間をかけて北方領土について学習させたのですが，ロシア人学生との意見交換が可能かどうか，少々不安になっています。論争まではいかなくとも，ユジノサハリンスクの学生の率直な意見を聞くことはぜひやってこようと思う次第です。

水岡先生　街の北部には，大規模な王子製紙工場跡が残っています。これも，必見です。

菊地　ユジノサハリンスクでは王子製紙工場跡には行く予定がありません。ホルムスクの王子製紙工場跡に行こうと思いますが，ユジノのほうが見ごたえがあるでしょうか？

水岡先生　さらに，駅のそばには，鉄道資料館があります。これについての情報を知人から得たので。

菊地　ありがとうございます。まるで知らない情報でありました。早速予定に組み込めるか調整しようと思います。

水岡先生　真岡郵便局は，すでに跡形もなく取り壊されていて，石碑のようなものももちろんまったく現地に建っていません。戦前の地図を持って行き，現在の道路網と比較しながら，その場所を同定する作業が必要です。私たちもそうして，今はただのコンクリの建物の壁となっている片隅に供物をそなえ，黙祷をささげました。

菊地　私どももここで黙祷をしてこようと思います。

水岡先生　現在は廃止された，豊真線のループ線跡は行かないのでしょうか？　歩くと片道1時間半かかりますが，それだけの努力をしても一見の価値ある歴史遺産です。

菊地　ループ線跡は徒歩でしか行くことができないのでしょうか？「ぜひ行ってみたいなぁ」と思うようになったのですが，現地の旅行社との交渉で時間を捻出できるかが問題です。

水岡先生　金子俊男の『樺太一九四五年夏』（講談社）は貴重な樺太戦争体験を書いたノンフィクションであり，ぜひ生徒に読ませたい必読文献です。ただし，現在は新刊書としては販売されていないので，古書として買うか，図書館で複写する必要があります。

菊地　この本は図書館などにもなくて，あきらめていたのですが，御推薦いただいてネットで調べて発注しました。遅ればせながら読んでみようと思います。

水岡先生　三木理史『国境の植民地・樺太』（塙選書）は，読みやすくまとまっていて，お奨めです。

菊地　この本にはお世話になっております。

水岡先生　「氷雪の門」に描かれた交換手の青酸カリ自殺については，いろいろ異説があり，映画がすべて正しいかどうか，意見が分かれるところです。川嶋康男『九人の乙女 一瞬の夏――「終戦悲話」樺太・真岡郵便局電話交換手の自決』（響文社）では，郵便局長がかなり無責任な行動をとったという説を出しているようです。

菊地　この本にはこだわった生徒がおりました。映画「氷雪の門」が上映できなくなった経緯について，助監督をされていた新城卓氏にご来校いただき話していただくことになりました。生徒は全員映画を観ているので，どんなディスカッションになるか楽しみです。新城氏からも熱いものが伝わってきそうな予感がしております。

縷々《るる》書き連ねてしまい恐縮です。先生から教えていただいたことで研修旅行の学習内容が深くなっていきます。本当にありがとうございます。向後ともよろしくお導きください。どうもありがとうございました。

＊

こんなやりとりのあと，水岡先生から「高校生を前に講義をさせてほしい。出発前の生徒に伝えたいことがあります」との連絡があった。来ていただいても御礼が用意できないことを，新城監督の時と同様，正直に伝えた。水岡先生もまた，「そこは問題ではありません」とおっしゃり，お忙しい時間をやりくりして，9月30日に中杉を訪ねてくださった。

先生は，サハリンという土地の置かれていた歴史的な事情や現在のあり方を，高校生にもわかりやすく丁寧に講義してくださった。日本的なモノと西洋的なモノが渾然としている部分をよく見てくるようにと，生徒に熱く語ってくださったのである。

2｜水岡先生の講演内容

事前研修の一貫として，一橋大学大学院教授の水岡不二雄先生からお話をいただく機会を得た。水岡先生は毎年大学のゼミ生とともに世界各地の調査旅行を行っており，2006年には樺太／サハリンを訪問されている。今回，大変有意義なお話をうかがうことができた。日本で語られる樺太／サハリンや北方領土に関する意見や主張には日本側の立場が反映されていることが多く，私たちも多くそうした立場からの意見を見聞きしてきたが，先生からは学問的・客観的な偏りのない見方を示していただけたので，私たちは出発前にこの問題を幅広い視点で捉えなおすことができるようになった。

講演の内容は大きく2点からなっており，1点目は樺太／サハリンが日露両国の間で支配されてきた経緯や歴史的事実，特徴などを再確認するとともに，それら事実と照らし合わせた際の日本政府の主張に限界があることの指摘，その限界を踏まえて今後どのような展開を考えるべきであるかということが示された。2点目は日本時代とロシア時代の樺太／サハリンの比較から，地名の呼び名について，また豊原／ユジノサハリンスクの都市機能についてのご説明があった。

まず1点目について，同じ日本の植民地となった韓国と樺太／サハリンを比べたとき，その支配の仕方に違いがあったことが述べられた。韓国の場合は日本が植民地化する以前から現地民族による王朝（支配機構）が確立しており，人口密度も高かった。これに対し樺太や千島列島ではもともとアイヌやニブヒと呼ばれる先住民が漁労などで生活していたが，その人口密度は低く，現地民族による政治的支配機構は確立していなかった。いわばフロンティアとでも言うべきこうした地へ，日本とロシアという二つの帝国主義国が進出し，その支配を争い，結果として日露両国の間で支配が変遷する歴史をたどったのである。そのため戦後になると朝鮮半島では民族の独立が実現したのに対し，樺太や千島では先住民の独立が問題となることはなく，戦後はロシア人がこの地に移住してきて日本から支配を引き継いだ形となった。こうした意味で，国後・択捉などについては日本政府が日本固有の領土であると主張するのには根拠がなく，むしろこの地はアイヌやニブヒの固有の領土であるとするほうが自然である，というのだ。

また，サンフランシスコ平和条約第25条では，条約に調印していない国が日本の放棄した領土を領有することを認めていないため，ソ連（現ロシア）の北方領土や南樺太の領有を認めることはサンフランシスコ平和条約違反になる。しかし日本が豊原／ユジノサハリンスクに領事館を設置したことは，南樺太のロシア領有を公式に認めたことになり，自ら条約そのものを反故にしてしまったと理解されるという。

2点目について，地名の呼び名については言語によって違う呼び方をすることは認められるので，日本人が日本語の表現として「樺太」や「豊原」と呼ぶことは差し支えないが，現在そこに住んでいるロシア人などが別の呼称を用いている現実は尊重するべきで，ロシア語の呼称も合わせて教えるべきだとのご指摘だった。

都市の構造については，日本が建設した豊原は駅前が都市の中心となり，そこから樺太神社まで真っすぐメインストリートが伸びる構造であった。ヨーロッパの都市にはそのような特徴は見られず，広場を中心に都市が構成されるのが一般的である。ソ連が占領した後の豊原／ユジノサハリンスクでは，駅前の広場を拡張して市の中心とし，メインストリートの「神社通り」は「共産主義者通り」と呼ばれ，樺太神社跡の前には巨大なソ連戦勝記念碑が建てられ，そのまま共産主義の精神的中心となった。現在も日本時代と位置を変えていない公共施設も残っているので，戦前の地図と比較してみると面白い。

最後に宗谷海峡／ラペルーズ海峡に海底トンネルを建設する構想についてお話をいただいた。ロシア政府は宗谷海峡と間宮海峡に海底トンネルを建設し，東京〜北海道〜樺太／サハリン〜ロシア本土〜（シベリア鉄道）〜欧州という鉄道ルートの開通を検討しているという。ユジノサハリンスク駅前には日本の新幹線電車の看板まで立っており，北海道新幹線の延長乗り入れを期待しているかのようだ。壮大な構想だが，宗谷海峡は日米同盟とロシアが対峙する接点でもあるため，現実には稚内側に自衛隊基地がおかれ，西能登呂／クリリオン岬にはロシア軍のレーダードームが並んでいる。ウラジオストクに本拠を置くロシア艦隊は宗谷海峡を通過し，国後水道／エカチェリーナ海峡を経て太平洋に出る。実現のためには，グローバルな規模での日本の戦略的位置づけについて，根本的変更が必要だと考えられる。

以上の講義を受けて，生徒は日本からの見方だけでなく，ロシアの視点や国際法上の観点から樺太／サハリン，北方領土の問題を考えられるようになったのではないだろうか。日本の立場が必ずしも「客観的」ではないということが理解できる有意義な機会となった。

こうして，「サハリン・樺太に行くならぜひ話したい」という方々に事前学習は支えられ，充実していった。生徒は，どうしてそんなに大人は一所懸命になるのか，不思議に思ったことであろう。あるいは，煩わしさに「面倒くさい」と声にする生徒もいた。しかし，やがて多くの大人の熱い「思い」に引き込まれていった。学ぶ内容に富んだ隣国ロシア，そして樺太と呼ばれていたサハリン。教育旅行の地にサハリン・樺太を選び得たことに確かな手応えを感じながら，いよいよサハリン・樺太を目指すことになったのである。

10　直前アンケート

研修旅行出発直前（9月24日）に生徒にアンケートを行った。質問と回答は以下のとおり。

1　あらためてうかがいます。どうしてあなたはサハリンコースを選択したのですか？

▷樺太なんて生涯に1回くらいしか行かないと思ったし，昔も今も日本と大きな関わりをもっているのでいろいろと学べると思ったから。

▷最初は興味。日本から一番近いヨーロッパというのに惹かれた。でもいろいろ調べるとそんな軽いものではなかった。今はヨーロッパといわれてもほんの60年前までは日本人が暮らしていて，しかも多くの日本人がその土地で殺されている。ほかのコースでは体験できないことができると思ったし，何より今回のチャンスを逃したら二度と行くことができないだろうと思ったから。

▷北海道ならば個人旅行でも行けるし，結局はおいしいものを食べて友達とはしゃいで終わってしまいそうな気がしたからです。サハリンはめったに行けるところではないし，どんな問題に目を向ける時でも現地に出向いてその問題について考えるのが一番いいと思うので，サハリンを巡る日ロの問題を知るためにはサハリンに行くべきだと思いました。またサハリンがどんな町並みでどんな人々が暮らしているかにも興味がありました。

▷外国の町並みや雰囲気を味わってみたかったから。

▷研修旅行の事前学習の重点項目であった北方領土問題について，ほかのコース以上に知ることができると考えたため。「氷雪の門」を観てその舞台となったサハリンを訪れてみたいと思ったため。

▷「一番日本に近いヨーロッパ」に魅せられて，どんなところか興味をもったからです。また「日本とヨーロッパの融合した」場所を見てみたいと思いました。

▷授業で学んだことを実際にこの目で確かめてみたいと思った。他人事のように考えていたことを実感してみたいと思ったから。

▷旧日本領であり，現在はロシアに実効支配されているが，本当は領土未画定であるという今までの自分がまったく経験したことがない土地であるサハリンにぜひ行ってみたかったから。自分の知らないことを考えたり学んだりしたかったから。

▷サハリンのこれまでの歴史を知り，これからの経済発展につながるような知識を得られればなぁと思いこのコースを選びました。

2　サハリンで何をするつもりですか？

（見る・聞く・食べる・話す？）

▷六十数年の間に3つもの国の領土になった地はどういうところなのかを見てくる。またロシアは暗いイメージが強いので実際はどういうものなのかを見てみたい。

▷ロシア語を話すことはできないまでも聞いてみたいと思う。ただロシア人は怖いというイメージが先行するかもしれないが。ロシアの食べ物には正直期待していないが食べてみるというのも貴重な経験になると思う。

▷ロシアの人から見て北方領土はどう思われているのか，その様子がわかるものを一つでも多く見つけたい。

▷朝ごはんはどんなものを食べているのか知りたい。

▷教会を見たい。

▷街の様子とか日本との相違点とかを見てくる。ガガーリン公園の観覧車に乗る。

▷写真を撮る。たくさんのものに触れる。

▷サハリンの人々との交流。

▷日本時代の建物を見に行く。

▷日本とロシアの違いを感じてきたい。

▷建造物にはきっと文化の違いが出ると思うので，日本統治時代の建造物とロシアの建造物を見比べたい。

▷サハリンでは，日本を超越したロシア連邦の素晴らしさを身体で感じたい。

▷ロシア料理も楽しみ！　ボルシチ ボルシチ！！

▷どんな些細なことでも良いから「違い」と「共通点」を見つけたい。

▷ジェスチャーでどの程度気持ちが伝わるのか。もし聞けるならサハリンの人は日本人をどう見ているのか知りたい。
▷サハリンにある豊富な自然を見てきたい。
▷戦争によって死んでいった人々のさまざまな思いを感じてきたい。
▷挨拶くらい話してくる！
▷ロシア語を独習したので，現地の人と挨拶したりコミュニケーションをとってきたいです。
▷ロシア人に北方領土に関する考えを聞きたい。問題になるようならあきらめざるを得ないが。
▷今のサハリンの生活を見たいです。どんな考えをもった人々がどんなものを食べ，どんな仕事をしているのかが知りたいです。教会や郷土博物館に行くだけではなく，行く先々でサハリンを感じたいです。
▷ポストカードを買いたい。
▷サハリンⅡプロジェクトの現場を見たい。

3　サハリンコースに期待することは何ですか？

▷特に期待することはないが，何年も経った後に，サハリンに行った研修旅行は有意義なものだったと言えるものになってほしいです。さらに自分の中で新しい世界が広がってほしいと思います。
▷おいしい食べ物をたくさん食べさせてください。
▷現地の学生と交流できるというのが楽しみ。
▷日本にいたら気づくことのできない何かが，サハリンに行けば気づけるだろうということをサハリンコースに期待しています。日本はサハリンに比べてみれば，経済的にも生活的にもとても豊かだと思っているので，日本では普通の当たり前のことでも，サハリンでは普通ではないかもしれません。そういうことを見たり聞いたりすることによって，サハリンのことをより理解してこられると思っています。

▷確かめたいと思うのは，今のサハリンに日本人が居たという痕跡があるかどうかだ。あったらうれしいと感じるだろうか。

4　不安なことがあったら教えてください。

▷無事に帰ってこられるだろうか？

▷ロシア語が不安です。言葉が伝わらないとどうなるのかわからないのでこわい。

▷ロシアの地で死にたくないです。

▷トイレが心配。

▷銃で撃たれないかなと……（笑）

▷水道水が危険ではないか。それを飲んで下痢しないか。

▷時差で困ることはないか。

▷治安がよくないこと。

▷衛生面

▷船酔い

▷ちょっとした言葉が問題になったり，関係者を不快にさせないだろうか。自分の無知さをさらけ出さないで済むだろうか。

▷英語が通じないこと。

▷寒さ。

5　その他

保護者から以下の記入があった。

▷サハリンへ行くというとても貴重な体験がこれからの生活に直接は関係がなくても，世界の中のサハリン（ロシア）を知るとともに，より日本を知ることにつながり，国際社会に生きる息子にとってもプラスになるような研修旅行になればと願っています。何を感じて帰ってくるか楽しみです。

11　研修旅行の栞の最初のページ

いよいよ研修旅行に出発することになった。研修旅行のファイルもだんだん厚みを増してきた。菊地は出発直前，巻頭のページにこのようなプリントを用意した。

テーマ

現在《いま》・此所《ここ》でしか生きられない自分の明日のために，旅に出よう！

日常に埋没してしまいそうな自己を啓発するための研修旅行です。

◆大自然の中で一生物としての自己に気づきましょう。

◆歴史の舞台に立ち，自分もまた歴史の中で歴史を作る個であることに気づきましょう。

◆地域の特性を活かし，生業を営むことについて考えましょう。

◆国境が何を生み，何を消滅させているのか実感しグローバルな視点をもちましょう。

45期生研修旅行に臨んで

学年主任　菊地明範

いよいよ研修旅行が始まる。有意義な旅にしよう。

「有意義」？　どうすれば有意義になるのか？

今年の夏，中山外国語高校との交流で韓国を訪れた時の話をしよう。伝統的な楽器の伽《カ》耶《ヤ》琴《グム》を弾く機会に恵まれた。弾琴台と呼ばれる丘の上にある教室で琴を弾くことができた。ここは文禄慶長の役（壬辰倭乱）の際激戦地になった場所だという。中山外国語高校の校長が言うことには，「ここで壬辰倭乱の犠牲者に対して追悼をしたい。代表の生徒に献花をしてもらい黙禱するのはどうだろうか」。突然の問いかけに少々戸惑った。どうしていいものか。折しも竹島問題が喧しい今，「壬辰倭乱」の犠牲者に哀悼の意を捧げるというのは……。

結論からいえば，中杉生は全員黙禱し，犠牲者に哀悼の真を捧げた。もちろん，そこに建立されていた石碑は朝鮮半島の人々を顕彰し，悼むものであった。その時代にここで日本と韓国の若者が対峙していたこと，そして両軍に犠牲者が出たこと，それから400年を経て，私たちは平和に，笑いながら手を取り合っていることを感じるにはよい機会になると判断したのだ。教員は参加した中杉生に，強制はしなかった。しかし全員が両軍の犠牲者に対し黙禱をしていた。

ワタシはこう思うことにした。人間の限界の一つに時空間に縛られることがあげられる。「今，ここ」でしか生きることができないのだ。そして「今，ここ」はすぐに「その時，そこでしか生きられなかった」と言い換えられることになる。人は「今」という時代の在り方に縛られ，「ここ」という環境に縛られることになる。

「その時」「その場所」の環境や思想について思いを巡らせてみよう。「その時」「その場所」でしか生きることができなかった人々の生活や心中を慮ってみよう。私たちは，同じ限界の中で生きる者として何が学べるだろうか？

答えは生徒の数だけあっていい。同じ限界の中で生きる私たちは何かを学べるはずだ。

今回，住み慣れた東京を離れ，4泊5日の研修旅行にでかける。私たちは「そこ」で生活している人々から何が学べるだろうか？　何を感じることができるだろうか？　そして，「そこ」で起こってきた問題・事件を調べ「今」その場所を眺めることによって何を学べるだろうか？　何を感じることができるだろうか？

学習の機会にあふれる研修旅行を準備することができた。そう胸を張って言おう。良質の教育的刺戟を提供することが附属高校としての中杉の使命の一つだと考えている。何かを感じ何かを考える。それは一人ひとりの課題。私たちはすごぶる良質の教育的刺戟を用意することに成功した。

この間この研修旅行を成功させるために多くの人々がお力添えくださった。その方々のご尽力がなければこの研修旅行はもう少し浅薄な内容のものになっていただろう。この場を借りてお礼申し上げる。

研修旅行の準備は万端整った。本番に向けて，これからは一人ひとりの内面の活動が最も大切なのだ。疑問を仲間にぶつけてみよう。感じたことを仲間に話してみよう，共感をもって迎え入れられるかもしれないし，異なる感じ方に驚くかもしれない。

研修旅行の成功はそんな一人ひとりの活動によって決まる。

さぁ！出発だ。この研修旅行は「知」への旅立ちといっていいだろう。それぞれの「学び」に順風が吹くことを期待している。

がんばれ！45期生。時は今だ！

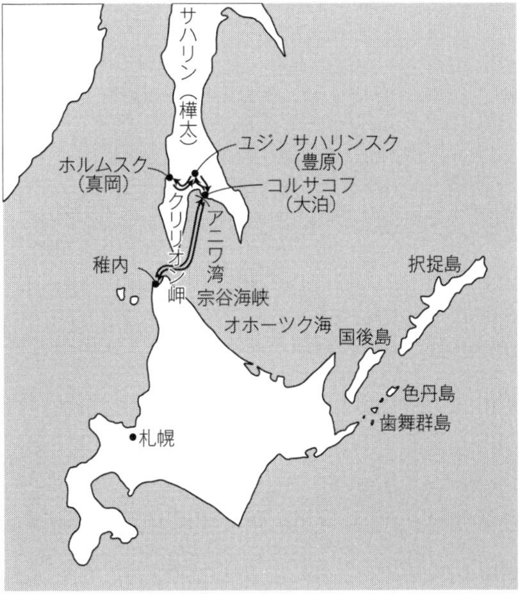

12　事前の「調べ学習」の総仕上げ

生徒は事前学習の総仕上げとして，自分たちで分担した学習内容をA4の用紙にして提出することになった。それを人数分印刷してそれぞれのファイルに挟み込み，「調べ学習」のページを作成することになっていた。何枚かの生徒のページを挙げてみよう。

学習テーマ
現在のサハリン（朝鮮人）

〈残された妻たち〉

日本統治時代、朝鮮半島南部（韓国）から多くの男性がサハリンにかり出され過酷な労働現場で働かされた。その数は約6万人と言われている。戦争が終わり、日本の終治が終わりを告げても、彼らは「日本人ではない」という理由でサハリンに置き去りにされた。
強制連行された人の中には既婚者も少なくなかった。新婚間もない夫婦もいたようだ。残された妻たちの人生は、一様に悲劇的なものである。儒教の国韓国では、一度嫁いだ女性はたとえ夫がいなくとも婚家を出ることはできないのだ。妻たちの中にはずっと夫を探し続けて未だ消息をつかめない人もいる。また、夫がサハリンで他の女性と結婚したのを知った妻たちもいる。様々な苦難を抱えたまま彼女たちは生きている。

永住帰国

2000年2月、ロシアと韓国の国交の正常化により、戦後半世紀以上の歳月を経て、かつて日本政府に置き去りにされた朝鮮人たちがようやく祖国韓国へ移り住めることになったのだ。しかし、そのための条件はあまりにも厳しいものだった。夫婦者だけで、独り者は資格なし。家族同伴もだめ。家族を捨て友人と別れて祖国に帰るか、それとも祖国をあきらめてサハリンに留まるか、二つに一つである。この「永住帰国」は新たな苦渋の決断を迫るもので、新たな離散家族がここに生まれた。
サハリンの永住帰国者たち500世帯、1000人は、ソウル郊外の安山市にある「コヒャンマウル（故郷の村）」と呼ばれるアパートに住んでいる。この施設は、日本赤十字の資金で建てられ、韓国政府の補助金で運営されている。ここでは安山市の職員が生活面でのあらゆるサポートをしている。帰国者たちから様々な病気が出てきたが中でも心の病が一番多いという。だが、心の傷の治療に効く薬はない。帰国して5年が過ぎた今（2005年）、すでに130人以上の方々が亡くなったという。

参考文献一覧

片山通夫『サハリン』（未知谷、2005年9月）

2年 5組 32番・氏名 佐俣彩香

学習テーマ

ロシア語について

ロシア語はインド-ヨーロッパ語族のスラヴ語派に属する言語である。

【文字表記】

Аа アー　Бб ベー、英語のbに相当　Ее イエー

Вв ヴェー、英語のvに相当　Гг ゲー、英語のgに相当、ギリシア文字 ガンマ Γγ から

Дд デー、英語のdに相当、ギリシア文字 デルタ Δδ から　Жж ジェー、英語のjに相当

Ёё eにアクセントがあると自動的にこの発音になったりする　Зз ゼー、英語のZに相当

Ии イー、英語のiに相当　Кк カー　Мм エム　Оо オー

Йй イー・クラトコエ　訳すと「短いイー」、iを短く発音する感じ、英語のyに相当

Лл エル、英語のLに相当、ギリシア文字のラムダ Λλ から

Нн エヌ、英語のnに相当、hではない　Сс エス　英語のSに相当

Пп ペー、英語のpに相当、ギリシア文字のパイ π から　Тт テー、英語のtに相当

Рр エル、英語のrに相当、ギリシア文字のロー Ρρ から、巻き舌で発音

Уу ウー、英語のuに相当　Фф エフ、英語のfに相当、ギリシア文字のファイ Φφ から

Хх ハー、英語にはない発音、ドイツのchの発音と同じく喉の奥から風を送り出すような
かんじで「ハー」と発音、英語ではknと表記する、ドイツのカイ Χχ から

Цц ツェー、英語ではtsと表記　Шш シャー、英語ではshと表記

Чч チェー、英語ではchと表記、「チャ・チュ・チョ」の音　Ээ エー

Щщ シチャー、英語ではschと表記、「シャー」の「シ」と「ャ」の間に「チ」を入れて発音

Ъ トヴョールディー・ズナーク　硬音記号と訳される、文字ではない、記号
単語のなかにこれがあると、前の部分と後ろの部分をくっつけないで発音する

Ы ウィー、これで1文字、「ウ」の発音をするつもりで口をすぼめ、その口のまま「イー」と発音

Ь ミャフキィー・ズナーク　軟音記号と訳される、子音の後ろについて「イ」という発音をする

Юю ユー、英語ではyuと表記　Яя ヤー、英語ではyaと表記

【ひとことロシア語】

Будем знакомы. ○○　『お友達になりましょう。○○です。』

Очень приятно　『よろしくね。』

Разрешите представиться　『はじめまして』

参考文献一覧

『携帯版 ロシア語会話 とっさのひとこと辞典』　文多文雄、徳永晴美、名田スヴェトラーナ L
出版社 DHC

2年 3組 38番・氏名　西尾 英里子

学習テーマ
現地で使える(かもしれない)ロシア語

(注)片仮名表記は私の独断であり、実際とは異なる場合が多いです。

あいさつ

・おはようございます…Дóброе ýтро!…ドォゥベレー・オゥトレェン
起床から午前中までのあいさつ。ォゥとオゥにアクセントがある。

・こんにちは…Дóбрый день!(Здрáвствуйте!)…ドォゥブリィー・ディーン(ズディズザラストゥリーケン)正午から日没のあいさつ、( )内は朝昼晩いつでも使えるあいさつ。
それぞれォゥ、ザにアクセントがある。

・こんばんは…Дóбрый вéчер!…ドォゥブリィー・ヴィーチェル
日没から就寝までのあいさつ　ォゥとィーにアクセント

・ありがとう…Спасúбо…バッスィーヴァ
スィーにアクセントがある。人に話を聞いたり、親切にされた時は忘れずに。

・ごめんなさい…Извинúте…イズヴィニーティ
ニーにアクセントがある。あまり使わないで済むようにしたい。

・さようなら…До свидáния! Прощáйте!…デ・スヴュダイニュー、パライシェイト
この言い方は、長い別れ、今生の別れになりそうな時に使う。我々が使うとするとこれが多いかもしれない。ダ、シェにアクセント

買い物など

・これをいただきます(買います)…Я возьмý это…ヤ・ヴァイズモ・ウェタ
ウェにアクセントがある。また、商品が何なのか分からない時は次の言葉へ

・これは何ですか…Что это?…シュト・ウェタ
ウェにアクセント。書いてはみたものの、返答の意味が分からないと意味がない…。

・それはいくらですか。Скóлько это стóит?…スクォリク・ウェタ・ストォウィト
クォ、ウェ、トォにアクセント。最初に書くべきだっただろうか。

その他

～はどこですか。…Где нахóдится ～…グディア・ホウディスサチ～
～が場所でなく物を指す時 нахóдитсяは ваш…ヴァウになる。
ホテル…гостúницу…レスティニュー
ティにアクセント

参考文献一覧
すぐに使える日常表現2900 ロシア語会話　岩切良信著　明日香出版社

2年7組4番・氏名 上薗 諭

学習テーマ
ガガーリン 人類初の宇宙飛行までの成り立ち・その後…

☆ユーリィ・アレクセーエヴィチ・ガガーリン ㉓

↳ 1961年4月12日に、人類として、初めて、宇宙飛行を成り遂げたソビエト連邦のパイロット宇宙飛行士。
ガガーリンは、モスクワ西方のグジャーツク市に近い、クルシノという所で、農民の子として生まれた。
少年時代のガガーリンは、まじめで、勉強家で、茶目っ気のある少年で、彼の数学の教師が、パイロットとして、従軍していたことが、ガガーリンの生き方に、影響を与えたのだ。
金属工場の見習いとして、働き出したガガーリンは、優秀であったため、技術教育を受けるべく、サラトフの学校へ送られた。そこで、彼は軽飛行機での飛行を楽しんだが、除々に飛ぶことの楽しさにとりつかれるようになった。そして卒業後ノルウェー国境に近い、ムルマンスクの基地に配属されたのである。

☆いよいよ宇宙へ ㉓

↳ 1960年ソ連による宇宙開発が、本格的に始まったことにより、宇宙飛行士の選択が、始められ、ガガーリンは、厳しい訓練の中、とうとう宇宙飛行士に、選ばれたのである。
選ばれた決め手は、ガガーリンの身長が、高くなかったという所にある。
そして1961年4月12日、ガガーリンは、ボストーク1号で、世界初の有人宇宙飛行に成功した。

☆ガガーリンの言葉

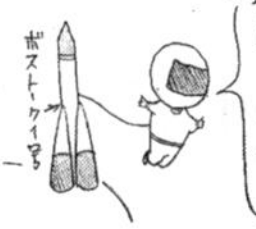

『地球は青かった』
正しくは、「地球は青いヴェールをまとった花嫁のようだった」という説もある。
他に地球の描写として、「地球は、みずみずしい色調にあふれていて美しく、薄青色の円光に囲まれていた」のような記述が見られている。

『神はいなかった』
これは、ガガーリンが地球周回中に、言った言葉として、有名である。しかし、このような言葉は、地上との交信記録の中に出てきていない、謎に包まれた言葉なのである。

☆ガガーリンの死

↳ 宇宙から帰国後、有名人となったガガーリンは、徐々に、精神的に弱り、酒を飲むようになった。1961年には、自傷行為も起こしている。しかし、このような試練を乗り越えたガガーリンは、ソビエト連邦会議で、代議員を務めたが、後に、宇宙開発の拠点「星の街」に戻って宇宙船のデザインに携わった。
その後、飛行指揮官となるため、飛行訓練を再開する必要にせまられた。ところが、1968年3月27日、教官とともに、搭乗したMiG－15UTIで、キルザップ付近を飛行中、墜落死した。原因は、付近を飛行していた、Su－11迎撃機が、高速飛行したため、その波動にまきこまれて、操縦不能になった可能性があると、1986年に、発表された。

参考文献一覧

Y・ガガーリン／江川卓 訳
「宇宙への道」 新潮社

2年 4組 39番・氏名 平澤 抄耶

学習テーマ

ロシア・サハリンの食事について

☆ロシアではじゃがいもが主食となっているが、サハリンには色々な民族が住んでいるので、米などもかなり利用されているがウクライナや韓国などの輸入物で(インディカ米)日本の米(ジャポニカ米)と比べ、パサパサでおかわりをしたくなることはない。食料の大半は大陸からの輸入に頼っている

日本人だって毎日、お寿司や天ぷらを食べているわけではないのに、イタリア料理といえばスパゲティやピザ、インド料理といえばカレーと偏ったことしか思いつかない。ロシア料理にいたっては、もしかしたらまず名前さえも出てこないかもしれない。少しでも情報を知ってみたくて、食事をテーマに調べてみることにした。サハリンへ行ったときに今回調べたものを味わえたらいいと思う。

ロシア食の特徴の1つは昼食を正餐としていて、夕食は軽くとるということ。

《パン:khleb》
↓
穀物という意味も持つ。ロシアでは=黒パン

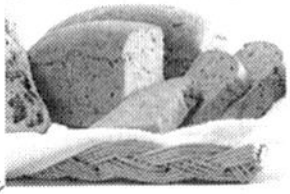

ロシアのパンといえば、昔からライ麦から作る独特の風味の「黒パン」と相場が決まっていて、これは日本ではほとんど作られておらず、日本在住のロシア人が「なくて困る」代表的なものの一つである。(ドイツでもライ麦で作るパンは一般的であるが、味も焼きあがりの感触もロシアのものとちがう。ポーランドでも作るが、これはロシアのものと似ている)最近は日本でも、ライ麦の栄養価が高いことから、(ビタミンB群、食物繊維、カルシウムなどが豊富)その素朴な風味が注目されつつあるが、慣れていないと、独特の酸味がおいしいと感じられないことがあるかもしれない。しかも、この黒パンは日本のようにトーストするということはなく、そのまま食べるので、このパンを初めて食べる日本人観光客の多くは、ちょっと惑うようだ。しかしロシアでは、黒パンのこのすっぱいところが逆に好まれてきた。なるべく薄く切って食べた方がいいらしい。

《ピローグ:pirog
ピロシキ:pirozhki》

サハリンでは路上で売ったりもするピロシキ

ピローグはロシア風のパイのことで、昔のロシアの伝説では、婚礼の日に新婦は必ずピローグを焼かなければならなかった。客たちはその味によって新婦の家事の才能を判断したという。酵母を発酵させた生地から作るパイということではピローグとピロシキは全く同じだが、こちらはずっと小型で楕円形。オーブンで焼いたもの以外に油で揚げたタイプのものもある。

《具だくさんスープ。
ex:ボルシチ:borshch
シチー:shchi
ウハー:ukha》

さまざまな食材を煮こんで、その旨味を凝縮させた、具だくさんのスープがロシアの特徴。日本でも有名なボルシチは、元々はウクライナの料理であった。あの赤みの元となるビーツは日本ではあまり手に入らないため、日本ではトマトで色を出していることもあるが、これは勿論邪道である。シチーはあっさり、さっぱりしている野菜(主にキャベツ)にこみスープ。ウハーは魚のスープである。

☆毎日食べても飽きないのが長所のシチーにはこんな諺もある。
「実の父親にはそのうちうんざりするが、シチーには絶対飽きがこない」

参考文献一覧

- 世界の食文化―⑲ ロシア　著者 沼野充義、沼野恭子
- 在日ロシア連邦大使館 http://www.russia-emb.jp
- http://byeryoza.com/topic/108200kb/kuropan.htm
- http://www.h5.dion.ne.jp/~saharin/syoku.html

2年 5組 36番・氏名 藤井彩香

第4章

サハリン・樺太研修旅行実施

1　10月6日（研修旅行1日目）

10月6日／行程表

10：30—羽田空港集合
11：30—羽田空港発，稚内空港へ
14：00—稚内港フェリーターミナルで昼食
15：00—宗谷岬へ
16：30—ホテルでの講演会
18：30—夕食
19：30—稚内駅，温泉施設へ
20：30—ホテル着

いよいよ出発の日を迎えた。事前研修で学んできたさまざまな知識や見方を，実際の地で確認しに行く研修である。生徒たちは期待に胸をおどらせながら早朝の羽田空港に集まったことだろう。羽田空港にはほかのコースの生徒も集まっている。道央や道南を回るコースのほか，道東の根室を訪れ北方領土をテーマに学ぶコースもあった。サハリンを訪れるコースも，これら全体としては「北海道研修旅行」の1コースとしての研修である。午前中に東京を発つ飛行機に乗り，初日は稚内での研修となる。稚内で1泊して，2日目にフェリーでサハリンに渡るのだ。

1｜まずは稚内へ

日本の端，北海道の北端の町まではるばる行くのだという気持ちで飛行機に乗り込むと，わずか3時間ほどで稚内空港に着陸した。頭の中で想像する距離に対し，あまりにも早く着いたという印象である。旅は時間をかけて徐々に頭を切り替えていかないと，何か不思議で落ち着かない気持ちになると山田は感じた。そう感じるのも，日本の交通網が発達しているからである。明日は一日かけてフェリーで稚内からサハリンに渡るのだ。

稚内空港では稚内市の職員の方々が「ようこそ！　日本のてっぺん稚内へ！」の横断幕を持って出迎えてくださった。移動するバスの中ではアザラシの稚内のマスコットキャラクターのストラップもお土産としていただいた。うれしい歓迎である。昼食は稚内のフェリーターミナルの食堂でとった。ウニやイクラなど北海道らしい料理が並ぶ。明日からはロシア料理が続くのかなと思いつつ，生徒たちは海産物のおいしい料理を満喫した。午後は宗谷岬に向かい，祈りの塔（大韓航空機撃墜事件の慰霊碑）と大岬旧海軍望楼跡を見学した。事前学習で今氏から大韓航空機撃墜事件の話を聞いていた生徒は，神妙な面持ちで慰霊碑を見上げていた。旧海軍の望楼は，樺太・千島交換条約で宗谷岬が日露の国境になった際に，海峡を通るロシア艦隊を監視するために設けられた。大韓航空機撃墜事件は，1983年に大韓航空機がソ連の領空を侵犯したとして撃墜された事件である。この飛行機には日本人もたくさん乗っていた。冷戦時代の悲劇の一つとして引率教員には記憶されている事件だが，生徒たちにとっては生まれる前のできごとで，実感に乏しいようだ。宗谷岬の先端にはモニュメントがあり，その

祈りの塔（大韓航空機撃墜事件の慰霊碑）。

宗谷岬から世界各地までの距離・方角が記された標識。

脇には樺太を旅した間宮林蔵の像が立っていた。見渡せば海峡の向こう側 43km 先に位置するサハリンの島影が確認できる。宗谷岬には世界各地までの距離と方角を示した表示があった。サハリンまで 43km の表示。明日はいよいよあの島に行くのだ。岬周辺にある店や施設のいくつかは，ここが「最北端」であることを一種の「売り」にしていた。「最北端の宿」「最北端のトイレ」「最北端のたこ焼き屋」などである。しかし中杉生はこれまでに学んだ事前研修により，ここが「最北端」ではなかった時代，樺太が日本だった時代を知っている。生徒たちは，同じ場所が時代や社会情勢の違いによって，異なる位置づけとなるという現実を体感したであろうか。また，国家による支配とは何か，ということに思いを巡らせたであろうか。島国である日本では普段なかなか感じることのできない国家の統治権についても，実際に宗谷岬に立ちサハリンを見渡すことで，身近な問題として考えることができたであろうか。この地，北海道でさえ，かつては日本政府の統治下にはなく，千島，樺太，大陸のアムール川流域にまたがるアイヌ・ニブヒ文化の広がる世界の一部だったのである。

宗谷岬での研修を終えた後，講演会の開かれる市内のホテルにバスで向かった。車窓から見える街の交差点名や地名表示には，ロシア語のキリル文字による表記が見られる。ところどころで街を歩いているロシア人の姿も見られた。ガイドさんの話によると，漁で立ち寄るロシア人が，日本の家電製品などを買い求めていくことが多いそうだ。このような街の景色に触れ，サハリンに近づいたことを実感する。

ホテルでの講演会では，最初に稚内の郷土史研究家の大橋幸男先生から稚内の歴史についてご説明いただき，次に稚内－コルサコフ間のフェリーを運航するハートランドフェリーの西浦宏之さんから日ロフェリー定期航路の歴史についてお話をいただいた。かつての稚泊航路を利用した著名人として，宮澤賢治，北原白秋，斎藤茂吉がいたこと，宮澤賢治の『銀河鉄道の夜』は樺太での滞在をもとにして作られたこと，戦後では村上春樹氏がサハリンを訪れ著作を残していることを学んだ。また，元横綱の大鵬はお父さんがロシア人で樺太の生まれであることも，西浦さんのお話から知ることができた。大橋先生からは，今後の稚内の発展のためにはロシアとの関係を維持・発展させていかなければならないというご意見もうかがえた。

講演会が終わり，ホテルで夕食をとった後，中杉生はJR稚内駅を訪れた。ここは「日本最北端の駅」である。めいめい記念切符を買い求めたり，記念碑の前で写真を撮ったりして過ごした。「次は列車で時間をかけて稚内に来るのも悪くないな」と山田は思った。研修旅行では限られた時間の中で効率よく回ることも必要だが，時間をかけてこそ気づける，感じられることもあるのだ。「効率」を重視すれば，その分失うものもある。

最後に道の駅に併設された温泉施設を訪れた。旅費節減のため稚内では大浴場のないビジネスホテルに泊まることになっていた。狭いユニットバスでは修学旅行気分も味わえまい，まして明日から泊まるロシアのホテルには大浴場などあるはずがない。「一度くらい大きなお風呂に入れてあげたい」という希望が温泉施設訪問になったのだ。

お風呂には体つきの良いロシア人の少年たちが入っていた。裸の付き合いではないが，ロシア人と一緒に風呂に入り，いよいよサハリンが近づいてきた気がした。次の日，彼らは中杉生と同じフェリーに乗っていた。柔道の大会で日本を訪れていたようだ。今度は日本の高校生がサハリンを訪れる番だ。

2｜生徒の感想

❶稚　内

▶稚内空港に着くと，市の職員の方々が歓迎の横断幕を広げてお迎えしてくれました。最北端到達のカードやアザラシのキャラクターストラップをプレゼントしていただき感激しました。

❷宗谷岬

▶宗谷岬は風が強く寒くて大変だったが，目の前に広がる海が壮観だった。

▶こちらに来て驚いたのが，水平線が見えるということ。そして10月とはいえ東京の冬のように寒い。吐く息も，空の色も白かった。これから行こうとしているサハリンはここよりさらに北にあると思うと少し不安になった。

❸大橋先生の講演

▶明日からフェリーに乗ってサハリンに行く私たちにとって，今回の講演はとてもためになる事前学習になったと思います。また，研修旅行の前に学んだサハリンが，今までたどってきた歴史や気候・風土等，ほとんどサハリンについてのものだったので，今回私たちが乗る予定のフェリーがどのようなものなのか，昔のフェリーはどんなものだったのかを聞けてよかったです。今回の講演で，昔利用されていた稚内～大泊経路（稚泊航路）のフェリーが沖に停泊する連絡船に引っ張ってもらう形のものだったということを初めて知りました。昔の連絡船は流氷に邪魔されて動けなくなってしまうこともあったみたいで，現代の技術の発達をあらためて実感しました。そして私が大橋先生の講演の中で一番印象に残っているのは，宗谷丸の話です。ソ連が迫ってくる恐怖の中で，人々は宗谷丸に乗って避難するために自分の席を確保しようと必死だったそうです。その時の人々の様子を詳しく聞いたとき，人は極限まで追い込まれると残酷なことでもできてしまうんだなと，少し怖くなりました。でも実際に私が当時の人々と同じ状況になってしまったら，やはりどんなことでもしてしまうのだろうと思います。周りの人を気にする余裕をもてるとは到底思えません。もう起こってしまったことはどうすることもできないけれど，二度目は絶対にあってほしくはないです。なぜこのようなことになってしまったのかを，国全体でよく考えるべきだと思います。

▶大橋先生は稚内の歴史について話してくださった。駅の入り口が海に向いていて，土地の人は二の次だったことがわかった。霧の影響で座礁した対馬丸を手漕ぎの「はしけ」が助けたという話が印象的だった。いわゆる「女性専用車両」が昭和13年にはもうあったと誇らしげに話していた。樺太からの引き揚げ船には8列3キロにもなるすごい数の人が並んだ。西浦さんはフェリーについて話してくださった。アインス宗谷の「アインス」はドイツ語でナンバーワンという意味。最近アインス宗谷を利用した有名な人には，村上春樹氏やBOOMの宮澤さんがいる。しかしあまりそういう有名な人は利用していない。アインス宗谷と宗谷丸では宗谷丸のほうが大きい。

2　10月7日（研修旅行2日目）

10月7日／行程表

7：00―朝食
8：30―ホテル発，稚内港フェリーターミナルへ，
　　出国手続き
10：00―アインス宗谷でコルサコフへ（船内学習）
　以降サハリン時間【＋2時間】
17：30―コルサコフ港着
20：00―ユジノサハリンスク着，ホテルへ
21：00―夕食
21：30―ホテル着

この日は稚内のホテルで朝食を済ませた後，すぐにフェリーターミナルへ向かった。フェリーターミナルでは稚内市の職員の方が，「中央大学杉並高等学校の皆さん！　サハリンで楽しい交流を…‼」と書かれた横断幕を用意して見送ってくださった。

ほかには新聞社やテレビ放送局など多くのメディア関係者の方が来て取材してくださった。サハリン・樺太へと旅立つ生徒たちの生の声を聞き出そうということであったのだろうか。次々と何社もの方からコメントを求められた生徒たちは，普段経験したこ

とのない雰囲気に困惑しながらも，自分たちの研修旅行がいかに多くの注目を浴びていたのかを実感したことだろう。

テレビ局の取材を受ける中杉生。

稚内港から出港するアインス宗谷。いよいよサハリンに向けて旅立つ。

教員として，ある種冷や冷やしながら，取材の様子を見守っていた。「妙なことを口にしないでくれ……」と思っていたのだが，取材に答える生徒はだれもがしっかりと応対していた。「場」を与えられるとしっかりと振舞えるのだということを実感し，これから先のサハリン行きの不安がずいぶんと払拭されたのだった。

東京からはるばるやってきた中杉生は，北海道北端の地でこのような多くの方々に見送っていただけるとは，思ってもみなかった。多くの人々の期待を受け，緊張感と責任感からサハリン旅行への気持ちがいっそう高まりながら，出国手続きを済ませフェリーに乗り込んだ。いよいよ出発である。見送りの方々に甲板から手を振り，アインス宗谷は稚内の岸壁を離れた。

1 | いよいよ海を渡る

中杉生の乗るアインス宗谷は，稚内港を出て宗谷湾を進んでいく。後方の稚内の町並みが小さくなっていくにつれて，右手に宗谷岬が見えてくる。宗谷岬を過ぎ宗谷海峡に出てからもしばらくは，宗谷岬が視界から消えることはない。宗谷海峡は北海道とサハリン・樺太を隔てる海峡である。風や波が強く，大きな海原の中にぽつんと浮かぶアインス宗谷はちっぽけな存在に感じる。しかし，海峡は両岸の地域を隔てるものではなく，それをつなげる役割をすることもできるのだ，そう実感する時間だ。途中，イルカが顔を覗かせると，生徒たちは興奮して海上を見つめる。海峡にぽつんと1羽で浮かんでいる鳥もいる。山田は，あの鳥は寂しくないのかなと思いながら，人に頼らなければ生きていけない自分を省みて，自然のたくましさを感じた。鳥や魚に国境はない，私たち人間は何をしているのだろう，そんな思いも湧いてきた。

そうこうしていると，サハリンと宗谷岬の中間点を過ぎロシアの管轄領域に入った。船では管轄国の国旗を揚げるルールになっている。生徒はロシア国旗の掲揚作業を手伝わせてもらった。甲板に出て航路の先を見やると，サハリン南端のクリリオン岬が見えた。振り返って船の後方に

アインス宗谷の船内には中杉生が作って送った日めくりカレンダーがかけられていた。使っていただけて感動。

ロシア国旗の掲揚を手伝う中杉生。

目をやると，北海道北端の宗谷岬がまだ確認できる。生徒は携帯電話のアンテナが立たなくなったことに気づき，自分の携帯電話を確認していた。サハリンと北海道を同時に見渡せる海上にいて，その距離の近さを高校生なりに身をもって実感したのだろう。近くて遠いサハリン，地理上の距離と人間の心情的距離とは比例しないものなのだということも，あらためて実感した。

サハリンに着くまでの5時間半，この時間を利用して船内学習を行った。サハリンでビジネスをしている4人の日本人（當摩篤志さん，吉田照雄さん，藤原直樹さん，伊藤裕さん）から，サハリンの現状や自らの体験談などをうかがうことができた。船酔いで体調が優れない生徒も若干いたが，それでも當摩さんたちの「生の体験談」によく耳を傾けていた。ロシア人の多くは日本に憧れているとか，女の子がおしゃれをしたがるのは日本もロシアも皆同じ，違うのはモノがどれだけあるかないかだけであるとか，ロシア人労働者は日本人労働者と意識や生活文化のレベルで違いがあるので困ることがあるが，ロシアの文化やロシア人の考え方をもっと理解しなければならない，といったお話が印象に残った。

當摩さんたちの話に感銘を受けた生徒の一人は，終了後に當摩さんたちを一等船室に訪ね，さらに詳しく質問させていただいたという。藤原さんは高校生の素直な思いに心を動かされてか，後日サハリンから稚内に戻った際に，マトリョーシカを一人ひとりにプレゼントしてくださった。

サハリン南端のクリリオン岬を通過してから目的地のコルサコフ港に入るまでが長い。船はロシア側に指定されたS字の航路をたどらなければならないからだ。この間，退屈してきた生徒たちも甲板に出て，凝視すれば建物の存在も確認できるほど近づいたサハリンの風景を見ている。周りには広大な海と空。甲板からの眺めを見渡しながらある生徒が言った。「この景色を見られただけでも，サハリンコースを選んでよかった。自分だけで生きていたなら，ここに来てこの景色を見ることは絶対なかった」。この生徒の言葉を聞けただけで，サハリン・樺太研修旅行を実現できて本当によかったと思う。教員に深い喜びを与えてくれた一言である。それぞれ自分の時間をしっかりもてたことだろう。船でゆっくりと国境を越えたことの意味は大きい。

コルサコフ港が見えてきて，アインス宗谷は180度回転し，後方から桟橋に接岸した。この桟橋は，日本時代のものを現在も使用している。まさにこの桟橋の上から，終戦後，多くの人々が命懸けで日本を目指したのだ。生徒たちもこの事実を前日の稚内での研修で学んでいる。知らなければ何の感情も湧かなかっただろうが，「知識」が目の前に当時の光景を浮かび上がらせる。

コルサコフ港に接岸するアインス宗谷。

下船してから「入国」を果たすまで，2時間以上かかった。下船したところから「入国審査」を行う建物までわずか数百メートルしかないが，1台のバス（日本製の中古車）で何往復もして，乗客を「入国審査」場まで運んでいる。窓口が2箇所しかなく，審査には一人数分ずつ時間がかかるため，長い行列ができていてなかなか進まない。「これぞロシア！」といったところか。効率や機能性を重視してきた日本で暮らしてきた者にとって，このシステムの差はにわかに納得しがたい。しかしロシア人にとってはこれも日常のことのようであり，文句を言ったり横入りしたりする人は誰もいない。皆じっと待っている。「ロシア文化やロシア人の考え方を理解することが大事」という先の當摩さんたちの言葉が早速思い出される。

コルサコフ港の桟橋に歩いて上陸。この桟橋は，日本時代に作られたものが今でも使われている。

「それにしても待たされるものだ」と思っていると，同じ船で渡ってきた北海道庁の交通企画課長さんたちの一行が入国できなくなっているようだった。船内で挨拶を交わしていたのだが，いったいどうしたのだろう。尋ねたところ，ビザの日付が誤っていたために，3名の入国が拒否されたという。課長さんは菊地に「これ，使ってください」と言ってロシア語会話集の袖珍本を手渡すと，バスのほうへ戻って行った。生徒は，目の前で起きた現実をただ見守るしかなかった。

山田は生徒たちが全員「入国」を済ませたのを見届けてから，最後に審査に向かった。審査官は山田の顔と書類を交互に何度も見る。特別なやりとりはなく，パスポートに貼ってあるビザには船のマークの入ったスタンプが押されて帰ってきた。数歩進んだところで税関のチェックを受ける。といっても係員が一人，通訳が一人いるだけ。山田はサハリン滞在中に行われる講演会会場に貼り出す横断幕を何枚か筒状に丸めて持っていた。係員が通訳を通して「これは何か」と聞くので，「横断幕です」と答えると，通訳には意味がわからなかった様子。そこで再び「ポスターです」と答えると，納得した様子で通してくれた。下船したときにはまだ明るかったのが，全員が無事「入国審査」を通って外に出たときには，すっかり日が暮れていた。現地ガイドの方々と合流し，中杉生はバスに乗り込み，ユジノサハリンスクへと向かった。

コルサコフ港で中杉生を迎えてくださったのは，北海道サハリン事務所主査の浦田哲哉さん，そして現地旅行会社のビートモ社から社長，ガイド，ドライバーの3名。あたりはすでに真っ暗で，車窓からの風景を楽しむことはできなかったが，バスの中では歓迎の言葉とサハリンについての話をうかがいながら，1時間ほどでユジノサハリンスクに到着した。ユジノサハリンスクに入ると，街灯や車のライトで街の様子がうかがえる。マンションやホテルなどの大きな建物は，日本と変わらない。それでも建物の装飾などはロシア風で，どこか日本とは異なる雰囲気を感じる。生徒たちにとって，想像していたサハリンの町並みとどれくらい異なっていただろうか。車窓から見る街のあちこちに日本と違うところを見つけるたびに，生徒たちは驚きの声を上げていた。

中杉生は，まず駅前のホテルの１階にあるレストランに案内された。サハリンに来て最初の食事となる。ドアを開けて中に入ると，店のロシア人女性が大きなパンと塩を持って中杉生を迎えてくれた。「パンと塩」は，客を歓迎する際のロシアの伝統的な儀式である。客は大きなパンを一口分ちぎって塩を付けて食べるのが慣わし。生徒も一人ひとり「パンと塩」の歓迎を受けた。

レストランでロシア伝統の「パンと塩」の歓迎を受ける。

サハリン初日の夕食の様子。前菜，スープ，メイン，デザートと，本格的ロシア料理をいただいた。

レストランでは横一列にテーブルが並び，生徒・引率者など40名ほどが20名ずつ向かい合って座る。白い食器と銀のナイフ・フォーク，水が注がれたグラスが横一列に並んだ様子は壮観である。料理は前菜，スープ，メインの肉料理，デザートを一品一品サーブしていただき，サハリンでの初めての夜をゆっくりと楽しく過ごすことができた。

夕食後はホテルに向かう。生徒はツインルーム。カード式キーがうまく作動しない部屋やシャワーのお湯が出ない部屋などがあり，その対応で少し時間がかかってしまった。長い移動による疲れもあり，初めて見るサハリンに興奮して疲れたのか，夜も落ち着くと皆ぐっすり眠ったようだった。

2｜生徒の感想

❶フェリー・コルサコフ港

▶稚内港からコルサコフ港までおよそ5時間半，入国審査の時間も合わせると7時間近く移動に費やし，やっとコルサコフに着くことができた。

❷フェリー船内学習

▶株式会社T.O.M.Aの當摩さん，藤建設の吉田さん，稚内建設機械の藤原さん，稚内日ロ経済交流協会の伊藤さんの4人からそれぞれサハリンで体験したこと，そしてサハリンに対するそれぞれの思いを聞くことができました。

當摩さんは15年前の日本の中学生とサハリンの中学生の交流事業で初めてサハリンに行ったそうです。その時，當摩さんは「もう二度とサハリンには行きたくない」と思ったそうで，その當摩さんの感想から当時のサハリンの生活環境は相当悪いものだったことがわかりました。また，5年前にある会社と事業を始めるために當摩さんが再びサハリンに行った時の感想を聞いて，約10年の間にサハリンはかなり発達したということを初めて知りました。吉田さんからは，1年前から始まったサハリンプロジェクト（主にサハリンⅡプロジェクト）についての説明を聞きました。サハリンプロジェクトは，サハリン北部などで開発された石油や天然ガスなどを日本やそのほかの外国に輸出しようとする計画だそうです。もしこのプロジェクトが実行されたら，日本だけでなく，外国にもサハリンがどのような場所なのか，今までどのような歴史をたどってきたのかを知ってもらえる良い機会になるのではないかと思います。藤原さんからは，日本とサハリンの交流事業（水泳，バレー，バスケ等）についての話を聞きました。また，「言葉よりもハートが大事」という言葉を聞いてとても安心しました。伊藤さんからは，サハリンとの交流が稚内の発展にもつながるということ，また，こちらだけでなく，相手の方も私たちのことを理解しようとしているという，とても大切なことを教えていただきました。

今回皆さんに教えていただいたことを明日から活かしていけるようにしたいです。

❸ロシア料理

▶サハリンではコース料理が多く，スプーンやフォークの使い方にドキドキしました。ロシアでは人をもてなす際に，「パンと塩」を用意するそうです。私たちが最初に訪れた日の夕食の際には，この塩をつけたパンをいただきました。私は塩をつけすぎてしょっぱかったです……。

▶サハリンで初めてロシア料理を食べた。来る前はロシア料理はおいしくないと聞かされていたので身構えてしまったが，味はおいしかった。こういう異文化の中に投げ込まれるのも悪くないなと思った。

❹ロシアのホテル

▶北海道のホテルとロシアのホテルではやはり違いが大きかっ

た。日本のホテルではティーバッグがあったがロシアではまったくなかった。これはショックだった。それ以上に風呂の違いに驚かされた。ロシアのは，うまく表現できないが，カプセル状のシャワー室で，正直いって使いづらかった。これも一つのカルチャーショックだとしみじみ思った。

3　10月8日（研修旅行3日目）

10月8日／行程表

7：00―朝食
8：30―ホテル発，ブリゴロドノエ村へ
9：40―日本海軍上陸記念碑，天然ガス工場を外から視察
10：10―コルサコフへ
10：30―コルサコフ展望台
11：00―ユジノサハリンスクへ
12：00―昼食（Saigon）
13：00―市内視察（レーニン広場，サハリン北部地震慰霊碑，勝利広場（車窓），旧樺太神社跡地，正教会堂）
14：20―ユジノサハリンスク経済法律情報大学へ（散歩）
15：00―大学着，ロシア学生との交流会
16：30―ガガーリンホテルでの講演会
講師
日本総領事・渡邉修介氏
ハートランドフェリー顧問・趙応奎氏
ピオネールサハリン州社会フォンド議長・イーゴリ・ゴロジャノフ氏
18：30―夕食（Alye Parusa），食事をしながら講演を聞く
講師
北海道サハリン事務所主査・浦田哲哉氏
サハリン日本人会会長・奈良博氏
19：30―ホテル着

昨夜は月がとてもきれいだった。空が澄んでいるからだろうか。山田はホテルの部屋から何枚も写真を撮った。明くる朝，窓からはサハリンの穏やかで美しい景色が遠くまで広がっていた。1階に下りてホテルのレストランで朝食をとった。ハンバーグに目玉焼きがのっており，サラダとライスの付け合せ。味はややスパイスの効いた“ロシア風”か。生徒たちは眠そうな目をこすりながら食べていた。お腹も満たされ，いよいよサハリン・樺太研修旅行が本格始動する。

1 | 本格始動！

最初に向かったのはコルサコフの先にあるプリゴドノエ地区である。前日コルサコフ港からユジノサハリンスクまで通ってきた道を戻る形になるが，昨日は夜で何も見えなかった車窓の風景が朝日を浴びてくっきりと映し出される。白樺の林，ロシア風の建物，多くの生徒にとっては初めて見るものも多かったのではないか。葱坊主型のドームをもつロシア正教会も見える。街を離れると野山が広がり，深い緑の中に赤や黄色の紅葉した木々が映えている。途中にはところどころに建設中の大きな建物が見える。聞くと富裕層向けのマンションや大型ショッピングセンターを建設しているとのこと。エネルギー開発で経済的に潤いつつあるサハリンでは富裕層が増加しているそうだ。郊外には「ダーチャ」と呼ばれる別荘も見える。別荘といっても夏に畑を耕し，周辺の森で茸や木の実を採取して長期滞在する小屋のようなものだ。かつては一戸建てを持つのが金持ちの象徴だったが，現在は富裕な階層はマンションを買うという。このような車窓の風景を楽しみながら，バスの中ではガイドさんからロシアの自然・宗教・経済事

アニワ湾に面して建設されたサハリンⅡの天然ガス輸出施設。

記念碑は横倒しにされ石段の一つになっていた。時代の移り変わりを感じる。

情などの話を聞かせていただいた。

コルサコフの街を抜けて南東にしばらく進むと，右手に海が見えてきた。アニワ湾である。広く穏やかな湾に沿ってバスは走る。前方に岸辺から海上に橋が突き出している施設が見えたら，そこが目的地。海と反対側は小高い丘になっており，我々はバスを止めてそこに登っていった。丘から先ほどの施設を見渡す。陸上には大きなプラントや煙突が並んでおり，そこから海上の橋にパイプが続いている。ここはサハリンⅡプロジェクトの施設の一つ，天然ガスをタンカーに積み込み輸出するための施設である。まもなく開始される日本への輸出もここから行われるという。サハリンの最新の実情を見ることができた。

翻って自分たちが立つ丘を見てみる。ここには石碑の台座のようなものが立っており，近くには倒された石碑が横たわって石段の一つとして使われているようだった。石碑に書かれた文字は漢字で，「遠征軍上陸記念碑」とある。ここは日露戦争時に日本軍が樺太に上陸した地点であり，それを示す記念碑が建てられていたところなのである。日露戦争での勝利から太平洋戦争末期のソ連軍侵攻までの約40年間，南樺太は日本領となった。まさに今立っている場所が，かつては日本だったことを示している。

生徒たちも，こうした事実は教科書や資料などを使った事前学習で知ってはいたが，やはり歴史の現場に立ったときに覚える実感は何ものにもかえがたい。その後生徒たちは口々に，「日露戦争は何年だっけ？」とか，「千島・樺太交換条約ってあったよね」などと確認し合っている。歴史的事実も漫然と学ぶのではなく，今の自分との関係の中で興味をもって学んでくれたら本当の力になる。この場に来て本当の意味で学ぶ意欲が湧いてきたのであれば喜ばしいことだ。ここは日露戦争という歴史上の舞台であると同時に，サハリンⅡというこれからのサハリンを形作っていく施設であり，100年前の樺太と未来のサハリンが同時に見渡せる場所なのである。ここに来て，生徒が歴史，未来，国のこと，経済，外交など，これらと自分との関係に少しでも目を向けてくれたことは，サハリン・樺太研修旅行の一つの成果といえるだろう。

コルサコフ市内に戻り，港が見渡せる丘にバスで登った。古くさびれた印象だが，日本時代の桟橋が現在も使われていることを思うと，本土を目指してこの港に殺到した人々の様子が偲ばれる。この港から出航した船に乗り，途中でソ連軍の潜水艦による襲撃を受け命を落とした人もいる。苦しい生活に耐え樺太に残る道を選んだ人もいる。その現実はいかばかりだっただろうか。

コルサコフをあとにしてユジノサハリンスクに戻り，昼食をと

今も残るロシア最大のレーニン像の立つ駅前広場でガイドさんから説明を受ける。

ロシア正教会。

った。ロシア風のサラダ，スープ，メインの鮭のムニエルなどが一品一品サーブされ，温かい食事をゆっくり楽しむことができた。食後は徒歩で駅前の広場に向かい，今も残るロシア最大のレーニン像や，1995年に起きた大地震（サハリン北部地震）の慰霊碑などを見学した。ユジノサハリンスク駅には，新幹線の車両が描かれた看板があった。一橋大学大学院の水岡先生が説明してくださった，「北海道と樺太／サハリンを鉄道で結ぶ計画」のためのものであろうか。北海道からサハリン・シベリア経由でヨーロッパまで鉄道が連結すれば，新たな旅客・物流ルートが生まれる。2001年に当時のプーチン大統領がこの構想を提唱したそうだ。日本ではまったく話題になっていないが，本当に夢のある話だ。

その後，バスで市の東部に移動した。かつて樺太神社の入り口だったところは，現在はロシアの戦勝記念の銅像が立ち並ぶ広場になっていた。下見で赴いた神社の社殿跡にはこの人数では入れないことがわかり，残念だった。続いて，ガガーリン公園隣のロシア正教会を訪れた。生徒たちは内部に飾られたイコンに目を奪われ，厳粛な雰囲気を感じたようである。教会からは徒歩でカムニスチーチェスキー（共産主義者）大通りを駅方面に散策しながら次の目的地の経済法律情報大学へと向かう。この通りは旧樺太神社通りといい，豊原時代には豊原駅から樺太神社まで真っすぐ伸びる目抜き通りだった。現在も街の中心を貫くメインストリートとして車がたくさん通り抜けている。両脇に白樺並木の歩道が整備されており，通りを進むと日本の城のような形をした郷土博物館（1937年，日本統治時代に博物館として建設したもの）があり，隣のユジノ国立総合大学経済学部の敷地は，かつて豊原高等女学校だったところである（事前学習でお話をうかがった山影幸子さんの通っていた学校である）。さらにその西側，現在はサヒンセンターやチェーホフ劇場が立ち並ぶあたりは，かつて樺太庁舎が置かれ日本統治時代の行政の中心であった場所である。中杉生は

ユジノサハリンスクのメイン通りを散策する中杉生。

日本の城の形をした郷土博物館。かつてここが日本領だったことを物語る。

サハリンとクリル諸島（千島列島）の地形が書かれた看板。両地域を管轄するサハリン州の選挙について伝えている。

ロシア人学生との交流会の様子。最初は緊張していたが，徐々に打ち解けていった。

目の前のロシア風の町並みを見つつも，頭の中では日本時代の豊原の町並みを想像して歩いていた。

通りをさらに西に進むと，ユジノサハリンスク経済法律情報大学に着いた。ここでは大学生との交流会が予定されている。大学に入り最上階の3階に案内されると，広い部屋でたくさんの大学生・先生方が迎えてくれた。

最初に学長先生，続いて担当の先生が挨拶をしてくださった。ロシア語でのスピーチだったが，日本語に通訳してもらうことができた。通訳してくれたのは，こちらの大学で日本語を教えている日本人教員だ。言葉に不安があった我々も，この方を通じてサハリンの現状や現地の人々の日本に対する見方など，多くのことを聞かせていただくことができた。

生徒たちは10数名のグループに分かれ，輪を作る。日本人とロシア人が半々くらいになるので，最初はグループ全体で話していたところも，次第に一対一で会話するようになっていく。話題はそれぞれの趣味，好きなスポーツ・音楽，学校生活や日常生活など身近なものから，サハリンの政治的・経済的状況や日本との関係など，社会問題に関わるものも出ていた。

中杉生は初めは緊張していた様子だったが，大学生とはいえほぼ同年代のロシア人たちの率直な考え方に触れ，教科書や講演会では学べなかった「生の声」を体感することができたのではないだろうか。若者のこうした交流から，お互いの立場で「違い」あるいは「違いのなさ」について理解が深まっていってほしいものである。1時間程度の交流であったが，生徒たちにとっては貴重な経験をすることができたものと思う。

続いてガガーリン公園前のガガーリンホテルに移動して，在ユジノサハリンスク日本総領事の渡邉修介氏，ハートランドフェリー顧問の趙応奎氏，ピオネールサハリン州社会フォンド議長のイーゴリ・ゴロジャノフ氏から講演をいただいた。

渡邉氏からはロシア・サハリンの社会経済事情と日本との外交貿易関係について，データをもとに詳しくご説明いただき，そのうえで，これからの日本人は国際人として外国について詳しく知るとともに，自らの日本についても理解を深めなければいけない，日本の古典や伝統文化について造詣を深め，世界に誇れるようになってほしい，という言葉を自らの経験を交えながらお話しいただいた。

趙氏は戦前から戦後にかけて自らが樺太・サハリンで体験したことを中心に，日本時代の樺太での生活，ソ連侵攻後の苦しい生活，そしてソ連からロシアに変わって現在までの社会状況などについてお話しくださった。ソ連時代は差別があり苦しいこともあったが，現在，これからのロシア・サハリンについて，また日本とのさらなる関係の深化について期待したいとのことであった。

最後に，イーゴリ・ゴロジャノフ氏からは，ソ連侵攻の際に犠牲となった方々の遺骨収拾活動についてのお話をいただいた。ゴロジャノフ氏はボランティア活動として，ロシアの学生とともにこの活動を重ねてきたという。収拾した遺骨はロシア人のものも日本人のものも，ともに丁寧に火葬して弔っている，戦死した人はどの国の人でも同じで，この活動を通じて戦争の悲惨さを伝えていきたいとのこと。しかし収拾できた遺骨はごくわずかでしかなく，今後もこうした活動を続けていき，日本人にも活動に加わってほしいということであった。

印象に残ったのは，遺骨が見つかる場所の付近には薄闇の中に白くぼやけた球状の浮遊物が見られるという話で，その様子は写真にも写されていた。ゴロジャノフ氏によれば，犠牲者たちの魂のあらわれではないかとのことであったが，いかなるものか。

三氏の貴重な話をうかがったこと，とりわけ，こうした話を樺太・サハリンの地で聞くことができたことで，生徒たちの興味関心はいっそう高まり，自分たちも何かしてみたい，何かできないかという気持ちが心に生まれたのではないだろうか。実際に，「私はぜったい来年遺骨収拾のお手伝いをします」と強く発言しだした生徒がいた。

ホテルでの講演会が終わると，夕食のためレストランに移動した。この研修旅行は，時間がずれ込むことが多い。ずいぶん遅れて到着したレストランで夕食をとりながら，さらにお二方から話をいただくことができた。お二人とも，遅くなった我々を快く待っていてくださった。

最初にお話しいただいたのは，昨日バスの中でお会いした，北海道サハリン事務所主査の浦田哲哉氏。日本時代からの樺太・サハリンの歴史，現在のサハリンと北海道との関係，とくに北海道の経済をより発展させていくためにサハリンとのビジネス関係を深めていってほしいということなどのお話をいただいた。

浦田氏の話し方はとても落ち着いていて心に響き，浦田氏自らがロシア人女性と国際結婚しているというお話もあって，生徒たちは興味深く聞き入っていた。氏も高校生の目線でお話しくださっていた。

次に，サハリン日本人会会長の奈良博氏からお話をうかがった。サハリン日本人会は，戦後もサハリンに残留した日本人たちによる会である。会員には1世だけでなく2世・3世もたくさんいて，2世・3世には日本語を話せない人も多いそうである。奈良氏も，「ロシア語で話すほうが話しやすいのだが」とのことだった。日本人会としての当初の活動は残留孤児の肉親探しで，残留孤児は130名ほどいて，18年間，一時帰国が実施されてきたそうだ。現在はさまざまな形で交流も行っている。生徒たちは初めて聞く内容の話で，その場では少し戸惑ってしまったようだった。引率教員も知らないことばかりで，学ぶことが多かった。

お話を聞きながらいただいた食事は，ロシア風サラダから始まり，ボルシチ（赤カブのスープ），ペリメニ（ロシア風餃子），ブリヌイ（ロシア風クレープ）と，代表的なロシア料理のコースだった。

2｜生徒の感想

❶ サハリンⅡ

▶樺太に日本軍が上陸した地点からサハリンⅡが見渡せる場所があった。過去のできごとと現在・これからのこととが両方感じられる場所に立って，なんともいえない気分になった。

▶サハリンⅡを見たとき，これが世界のこれからを動かす場所だなと感じた。これからの人生に役立つ研修旅行になったと思う。行かせてくれた両親に，「ありがとう」と言いたい。両親は，研修旅行に行くに当たり，「がんばって勉強してきてね」と言っていた。

❷コルサコフ港（大泊港）

▶サハリンに到着した次の日，私たちの乗ったフェリーも入港したコルサコフの港が見える丘に行った。港の先に伸びる半島も見渡せ，サハリンの地形を感じることができた。また，少し離れたところにはロシア軍の基地があり，のどかな風景とはうらはらに緊張感が漂っていた。

❸ユジノサハリンスク（豊原）

▶ユジノサハリンスクの市街地は，北海道の札幌などと同じように碁盤の目のように整備されていて，日本が街を作ったという名残を感じることができた。

▶大きな道路は舗装されているが，一歩道を入ると道路がボコボコしていて水溜りがたくさんできていた。高い建物は少なく，近くに山が見えるので狭い感じがする。緑が多く，車の数も多かった。

▶ユジノサハリンスク駅前にはレーニン像があった。大陸ではすでにほとんどの像が倒されていると聞いたが，サハリンは島であるためか大陸とは少し文化が違い，まだ残っているようだ。駅からは共産主義者通りという道路もあり，やはり日本とは文化が違うのだと感じた。
▶樺太には各市ごとにレーニン像があると聞きました。私たちが見たレーニン像はサハリン州で一番大きいもので，高さは中杉の校舎ぐらいに感じました。各市にこの像があると聞いた時，日本とロシアの政治権力者に対する考えの違いを感じました。日本にあるこれと同じサイズの像といえば奈良の大仏です。つまり，このレーニン像は日本でいう大仏様と同じ風に考えられているのかもしれないと思いました。

❹ 経済法律情報大学での交流会

▶経済法律情報大学ではグループに分かれて現地の大学生と交流した。お土産をもらった人もいて，サハリンの話やロシア人から見た日本の様子・相違点など，それぞれのグループでたくさん話をし，とても有意義なものになったと思う。あっという間に時間が過ぎてしまい，もっと話したかった。
▶大学生との交流会は1時間半行いましたが，終わってみるともっと話したかったなと思いました。日本語ができる学生もたくさんいましたが，私が話したイリーナは英語しか話せないと言っていました。お互いの言葉ができないときは英語が役に立つということも感じました。彼女は“You are my best friend”とまで言ってくれました。
▶ロシアの歴史やサハリンの歴史・民族などについては学んできたが，今このサハリンの地に住んでいる人々については何の予備知識ももっていなかった。だから音楽や映画の話題になってもなかなか続かず，申し訳ないことをした。今度はもっと現代ロシアについて学んでおきたい。

▶サハリンの大学生は，日本語を３年間習っただけでペラペラ話していました。皆，一度は日本の京都に行ってみたいそうです。日本について，たくさん興味をもっているようでした。

❺ガガーリンホテルでの講演会

▶ガガーリンホテルで，在ユジノサハリンスク日本総領事館総領事の渡邉修介さん，ハートランドフェリー顧問の趙応奎さん，ピオネールサハリン州会社フォンド議長のイーゴリ・ゴロジャノフさんの３人に，貴重な話をしていただきました。総領事の渡邉さんには，サハリンⅡのプロジェクトがどのようなものかを教えていただきました。このサハリンⅡプロジェクトによって，近々大量の液化天然ガスが日本に輸出されるそうです。また，このサハリンⅡプロジェクトには２兆円ものお金がかけられているということを聞いて，びっくりしました。それほどこのプロジェクトは期待されているのだなと思いました。

ハートランドフェリー顧問の趙さんからは，趙さんが住んでいたころの樺太の様子などを教えていただきました。趙さんは戦時中，国民学校に６年生の２学期まで通っていて，途中から朝鮮の学校に移ったそうです。また，当時，ソ連には130以上の人種がいたため，その中で人種差別があったそうです（韓国，朝鮮人は社長になれない等）。今の日本には人種差別というのはないので，差別の話を聞いてもあまり実感が湧かなかったけれど，実際にそういうのを見てきた趙さんの言葉には何か重みを感じました。そして，趙さんの言うように，歴史上の出来事だけでロシア人は冷たいだとかそういうマイナスのイメージを植えつけるのはよくないと思いました。

イーゴリ・ゴロジャノフさんは主に遺骨収集のボランティア活動を行っているそうです。ゴロジャノフさんはこの活動を通して，戦争とはどんなものか，また，多くの人々が意味もなく死んでいったということ，そして，日本人であろうがソ連人であろうが関係なく，戦争は絶対にしてはいけないということを伝えたいとおっしゃっていました。この言葉から，ゴロジャノフさんの必死な思いが伝わってきました。そしてゴロジャノフさんが見せてくれた写真には，実際に拾った遺骨が写っており，戦争の残酷さを物語っていました。この活動には私たちと同年代のサハリンの学生が参加しているというのを聞いて，少し驚いたけれど，とても立派だと思いました。ゴロジャノフさんがおっしゃっていたように，日本人の学生もこの活動に参加して，交流を深めて，さらにお互いがお互いを理解し合えたら良いなと思いました。

▶趙さんは1934（昭和9）年に生まれ，1937年に樺太に渡った。1945年まで日本人と住んでいた。その日本人は意外と東京人が多く，標準語に近かった。そのころのサハリンは日本の生産量の4割を占める製紙業と大規模漁業の豊かな資源をもっていた。1946年〜48年には30万の人が引き揚げ，趙さんは恵須取町に住んだ。趙さんは戦後朝鮮人の学校に通った。共産党員ではなかったため出世できなかったが，ペレストロイカにより社長になることができた。ロシア人は付き合いやすいきれいな人間である。ロシアはだんだんよくなるだろう。貴重な話を聞かせていただいた。つい最近まであまりいい地域ではなかったサハリンが昔は豊かだったことがわかった。

▶ゴロジャノフさんは完全ボランティアで日ソ戦の兵の遺骨を集めている。またその活動に私たちと同年代やそれ以下の子供たちに参加することを呼びかけ，両国の兵が意味もなく死んでいった戦争はよくないということを教えている。ボランティアで，しかもソ連兵だけでなく日本兵の遺骨も集めているのはとてもすごいことだと思った。遺骨集めに参加している向こうの子供たちは，日本人も一緒にやることを提案しているらしい。

❻ 夕食時の講演会

▶レストランで夕食を食べながら，北海道サハリン事務所主査の浦田哲哉さんと，日本人会会長の奈良博さんのお二人にお話をうかがいました。浦田さんは北海道にとってサハリンがロシアの窓口であり，逆にサハリンにとっては北海道が日本の窓口であるというお話をしていました。また，サハリンのイメージがロシアのイメージと全て重なるわけではないともおっしゃっていました。確かにサハリンに比べると，新聞やテレビなどで見るロシアの首都のモスクワなどはかなり発達している場所だと思います。サハリンもこれからサハリンプロジェクトなどでどんどん発達して，人々の生活が今よりもさらに豊かになっていくのかと思うと，なんだかとてもわくわくします。

また，今回の旅で私が見たサハリンは，中央都市とそこから離れた場所の生活環境がだいぶ違っていて，ホルムスクのほうは建造物がほとんど傷んでいるような状態でした。サハリンプロジェクトの発達とともに，このような差が少しでもなくなれば良いなと思いました。

日本人会会長の奈良さんには，ソ連軍が樺太に侵攻してきた時に北海道に逃げて行った奈良さんの祖父母，父母の話をしていただきました。2世や3世の方々は強制的にロシア語を勉強しなければならなかったらしく，奈良さん自身も日本語よりロシア語のほうが話しやすいようでした。また，奈良さんには日本人としての名前とロシア人としての名前の両方があるというのを聞いて，すごいと思ったけれど，その二つある名前は奈良さんにとって悲しい過去を表すものであると思うので，なんだかとても複雑な気持ちになりました。昔あった出来事の傷が今も癒えない人が大勢いるんだということを，今回の講演で学びました。昔も今も変わらず，やはり戦争はあってはいけないものだとあらためて思いました。

▶浦田さんは，北海道を開拓した屯田兵について話してくださった。屯田兵は開拓を進めただけでなく，サハリンが近いため軍事的な働きももっていた。その緊張により北海道は発展してきたと言っても過言ではない。敵対していた勢力のおかげで発展したというのは，なかなかおもしろいと思った。この旅行中の講演で誰かも言っていたが，北海道が活気づくためにはロシア人が北海道に来ることが必要なのだと，浦田さんも言っていた。ロシアをあまり好きではない人も多いが，背に腹は替えられないのだろうなと思った。

▶奈良さんは日本人会会長であり，とても貴重な話だった。日本人会は1世131人，2世3世111人の242人で構成されている。約75世帯が永住していて，2世3世の方は日本語がわからない人が多い。年に2回，春と秋に集団で10日間の一時帰国ができる。サハリンに残ったのにはさまざまな理由があり，奈良さんのおじいさんは引き揚げのことは知っていたが引き揚げなかったらしい。日本人は今ではいろいろな職業についている。日本人会といっても，日本語がわからない人やロシア語の名前がついている人がいたりするので，もう日本人というよりはロシア人なんだなと思った。日本が降伏した後にソ連が攻めてきたことについてロシアの教科書ではどう書かれているのか知りたかったが，聞けず残念だった。

4　10月9日（研修旅行4日目）

10月9日／行程表

7：00―朝食
8：30―ホテル発，ホルムスクへ
10：30―熊笹峠（1945年8月日本軍とソ連軍の戦闘の戦没者慰霊）
11：30―市内見学（海岸通，旧真岡王子製糸工場〔車窓〕，真岡の慰霊碑，展望台）
12：30―昼食（Rusalochka）
13：40―ホルムスク発
14：40―オゴニキ村養魚場見学
15：10―ユジノサハリンスクへ
16：00―自由市場，郷土史博物館見学
17：00―買い物（スーパー，工芸品）
18：30―夕食（Vecher）

昨日はコルサコフ，ユジノサハリンスクの見学，サハリンの大学生との交流会，数々の講演会など盛りだくさんの一日であったが，この日も密度の濃い一日となった。ホテルで朝食を済ませた後，我々はバスでホルムスクに向かった。ホルムスクは日本時代には真岡と呼ばれた港町で，かつては漁業や製紙業でにぎわい，

1945年8月20日のソ連軍上陸に際して真岡郵便局の女性電話交換手9人が自決したことでも知られる町だ。真岡に上陸したソ連軍はその後豊原（ユジノサハリンスク）に向けて進攻し，途中の熊笹峠では抵抗する日本軍との間で激戦が繰り広げられた。生徒はこうした歴史の跡をたどる旅に出た。

1 ｜ 見学と，慰霊と

ユジノサハリンスクの市街地を出ると，車窓には森林や河川などの自然が続く。赤い実を付けたナナカマドや紅葉した木々が，鮮やかな彩りを見せている。空には薄暗い雲が広がり，戦争の悲惨さを伝える遺跡を訪れる我々の引き締まる気持ちを映したかのようだ。

バスの中ではガイドさんから，日本時代の真岡の様子や戦争のときの話が伝えられた。中でも驚いたのは，ガイドのヴェスタさんが，かつて真岡郵便局で働いた経験がある人だったことだ。事前学習で映画「氷雪の門」を見た生徒たちの多くは，真岡の町や真岡郵便局の乙女たちに，とりわけ強い関心をもっていた。日本時代の郵便局の建物自体は十数年前に解体されたとのことだが，ソ連統治時代にもかつての建物は使われ続け，そこで働いていた方に話をうかがえるとは思わなかった。往時の写真を見てもらうと，「そうです，ここです。ここで働いていました」。9人が自決した真岡郵便局の建物で働いていたのだ。真岡郵便局のできごとが，ますます身近なものに感じられるようになった。

次第に勾配がきつくなり，バスは熊笹峠にさしかかった。通りから脇に入ると，大砲のモニュメントが見えてきた。ここはソ連軍と日本軍の間で激戦が行われたところ。現在はソ連・ロシアの戦勝記念碑がたっており，モニュメントの大砲は日本のほうを向いている。あたりは急に濃い霧に覆われ，バスを降りると冷たく強い風が吹き荒れてきた。ソ連・ロシアの戦勝記念碑の近くには日本軍が使用したトーチカの跡が残っていた。肌寒く荒れた天候の中で崩れかかったトーチカを見て，当時の激戦の悲惨さがいっそう心に刻まれた。日本人を慰霊する碑はなかったが，日本人に対してもロシア人に対しても哀悼の意を込めて，献花と黙禱を捧げた。ロシア人も日本人も戦争の犠牲となった人々の命の重さに変わりはない。前日のゴロジャノフ氏の考え方が頭をよぎる。この土の下には今も多くの遺骨が眠っているのだ。突然寒風が吹きすさんだ熊笹峠で，生徒は何を思っただろうか。

熊笹峠にあるソ連・ロシアの戦勝記念碑。

寒風吹きすさぶ熊笹峠で日ロ両国の戦没者に祈りを捧げた。

熊笹峠を越え坂道を下っていくとすぐに，旧真岡・ホルムスクに到着した。目の前に間宮海峡（タタール海峡）が広がり，海峡の向こうはユーラシア大陸・シベリアだ。最狭部で7.3kmしか離れていない。「丘の町」という意味のホルムスクは確かに海岸から入ると

旧王子製紙工場周辺の木造住居。奥にはソ連時代の集合住宅が見える。

すぐに丘が連なり，市街地は海岸沿いの通りを中心に形成されているのがわかる。海岸の前に広がる海峡や港を眺めつつ，翻って後方を見ると，丘の上におそらくソ連時代に建てられたと思われる画一的な集合住宅が何棟も連なっている。

しばらく海辺で時間をとった。生徒は思い思いに海を眺めていた。ここがソ連が侵攻上陸してきた場所なのである。

海岸沿いのメインストリート，ソビエツカヤ通りを街の中心へと向かう。この通り沿いに，かつては真岡郵便局があった。郵便局の跡地は現在は高層ビルとなっているが，このビルの1階は現在もロシアの郵便局として使われていた。ビルの片隅に日本から持参した水と生花，黙禱を捧げた。無念にも自決という道を選んだ郵便局の乙女たちを偲び，1945年8月20日の惨劇について思いを寄せた。まさにこの場所で，あの悲惨なできごとは起こったのだ。

続いて街の南部にあった王子製紙の工場跡に向かった。旧王子製紙工場の建物は現在も残っており，その大きさには往時の繁栄が偲ばれる。だがすでに操業は停止されているため，壁がはがれ落ちていたり窓ガラスがなくなっていたりして，無残な廃墟となっている。周辺の旧社宅街には現在も木造の平屋が点在しており，老朽化した建物の中には，人が住んでいると思われるものもあった。ソ連時代から住宅として利用されているようだ。

丘を少し登ると，ソ連建築の集合住宅が立ち並ぶ一画に「鎮魂」の文字が刻まれた石碑があった。石碑の裏には，「ここに眠る諸霊を鎮め平和と友好を祈念し真岡町有志が望郷の想いを込めてこの碑を建立した　1995年8月　真岡町関係者有志一同」とある。我々はここ真岡に暮らし戦争の犠牲となった全ての人々を思い，この石碑に向かい花を献じ黙禱を捧げた。

ささやかな慰霊式の後，赤いコートが目を惹くロシア人少女と出会った。小学校3年生くらいであろうか。おそらくこの近くに住んでいる子供だろう。外国人の若者がたくさん自分の家の近くを訪れて何をしているのかと疑問に思ったのかもしれない。それでも生徒が声をかけると少女は驚く様子もなく一緒に写真に写ってくれた。彼女は戦前の真岡のことやこの町に日本人が暮らしていたことを知っているのだろうか。いずれにしてもこうした無邪気な若者たちが幸せに暮らしているのが現在のホルム

「鎮魂」の碑に水と花を捧げる中杉生。

ホルムスクで出会ったロシア人少女。

スクであり，彼らにとってはこの町がかけがえのない故郷となっていくのだろう。この町が真岡と呼ばれていたときからずいぶんと長い年月が過ぎてしまったことを痛感せずにはいられなかった。

次に向かったのは，街が見渡せる丘の上の展望台。旧真岡神社があった場所の近くである。丘の上からホルムスクの町並みと港，その向こうに広がる青い海が見渡せる。旧王子製紙工場・社宅街と旧真岡の町並みも想像される。海からのソ連軍の艦砲射撃，それに続く上陸作戦，昭和20年8月20日の様子も，頭の中で目の前に広がっていった。

丘を降りて港に向かい，フェリーターミナルに入るレストランで昼食をとった。チーズをふんだんにかけたロシア風サラダ，玉ねぎ・人参・ベーコンなどの具が入ったトマト風味のロシア風スープ・サリャンカ，豚肉にパン粉と玉子をつけてグリルしたキエフ風カツレツ，そして最後に温かい紅茶（ロシアではチャイと呼ぶ），やはり一品一品サーブされ，おいしい料理をゆっくり楽しませていただいた。

日本での修学旅行・団体旅行では，事前に用意されたセットにせいぜいご飯やお味噌汁などの温かいものが出てくるくらいで，このように温かい料理を一人ひとり一品ずつ用意してくれるところはめったにない。ロシアの食習慣と少人数だからこそできた贅沢であ

フェリーターミナルに入るレストランで昼食。

る。しかし山田は，海を臨む港のレストランでも肉料理なのか，日本なら新鮮な魚介類を食べさせるに違いないと思い，ここでも食文化の違いを生徒に力説していた。もちろんカツレツはとてもおいしかったので山田も満足していたのだが。

ホルムスクのフェリーターミナルからは，大陸行きの定期船が出ている。これに乗ってシベリアへ，シベリアを横断してヨーロッパへと行ってみたい気持ちに駆られながらも，ホルムスクをあとにしてユジノサハリンスクへ向かった。途中のオゴニキ村では鱒の養魚場を見学した。我々が訪れたこの時期は鱒の卵を採取している時期で，魚卵が機械にかけられ大きさごとに選別されていた。室内の水槽で幼魚に育てられた後，川に放流されるとのことだった。

ユジノサハリンスクに戻り，食料品や衣料品を取り扱う自由市場を見学した。日常の買い物客で賑わう中，制服姿の日本人の集団が列を作って歩く光景は現地のロシア人には奇妙に映ったのか，お店の人たちは生徒たちを見てざわついていた。その中のある人が「どこから来たの？」とロシア語で話しかけてきたので，山田が「日本からです」とロシア語で答えると，納得した様子。こうした日常の場でもっと交流の時間をもてれば市民レベルでのロシア社会を理解する好機となったと思えるのだが，残念なことに次の目的地へと急がなければならなかった。

次に向かったのは，日本のお城を思わせる建物の郷土博物館。ここではサハリン・樺太の動植物，地質・鉱石，先住民の暮らしに関するもの，ロシアによる開拓の歴史と日本との戦争，日本統治時代の遺物など多くの展示品を見ることができた。説明文がロシア語表記しかなかったので生徒たちはどれだけ理解できたかわからないが，それでも「実物」から感じ取れることも多くあったのではないだろうか。地図や映像など視覚的に訴えるものも多くあった。

郷土博物館の見学でサハリン・樺太におけるほとんど全ての研修プログラムが終了し，最後にお楽しみの土産品を買いに行った。まずはスーパーマーケット。地元の人が日常的に利用する，普通の店である。生徒たちは，ロシアのお菓子や調味料などを買い込んでいたようだ。続いて，ロシア民芸品を扱う店に立ち寄った。ここにはマトリョーシカ（入れ子式の木製人形）やグジェリ（陶磁器）など多くの民芸品があり，色鮮やかで素朴なロシア民芸品は，見れば見るほど，どれもほしくなってしまう。生徒たちも，残っていたルーブルを使い切るかのように，たくさんのお土産を購入していた。

マトリョーシカやグジェリなどの民芸品が並ぶ土産物屋。

一度に多くの客を捌いたことがないのか，3人しかいない店員はてんてこ舞いの様子。生徒は列を作って会計を待った。次の予定時刻も迫ってきて，菊地

サハリンでの最後の晩餐。

民族衣装のロシア人少女たちの踊りを楽しみながら食事をした。

は少々気を揉んだ。

サハリン・樺太で最後の夕食はユジノサハリンスク市中心部のレストラン。団体旅行客も収容できる広いホールにテーブルが並べられ，その前にはステージが設けられている。前菜，スープ，メインと次々と料理がサーブされる中，ステージではロシアの民族衣装を身につけた少女たちが歌と踊りで歓迎してくれた。後半は生徒もステージに招かれ，恥ずかしがりながらも輪の中に入って一緒に踊り，最後の夜を楽しく過ごすことができた。

2｜生徒の感想

❶熊笹峠

▶サハリンの地を回り，いくつかの慰霊碑に献花・黙禱を捧げたが，ところどころで日本語で書かれた碑を見つけると，本当にかつてはここが日本であったのだと感じることができた。熊笹峠に行ったときには，東京でぬくぬくと育ってきた私たちにはまさに極寒という寒さで，こんなところで多くの日本人が亡くなったのだと思うと，平和の大切さをしみじみと感じた。

▶今回の研修の中で最も寒く，最も苦しい場所だった。ここで多くのロシア人と日本人が死んだ。サハリンコースの宿題として，日本で沖縄戦以外にも地上戦があったことを知った。今よりも無知だったあのころと，今の自分はほんの少しだけ価値観が変わったように思う。

❷ ホルムスク・真岡郵便局

▶廃墟の建物がたくさんあり，灯りもついていないしペンキは剝げているし，日本ではなかなか見かけない建物がサハリンにはたくさんあって感動した。

▶真岡郵便局の跡地にはマンションが建っていた。確かにロシア側には何の興味もない話かもしれないが，跡形もなくなっていると悲しい気持ちになった。戦争から長い年月がたったことを痛感した。

▶９人の乙女は最期まで仕事を全うし自決した。ソ連の侵攻で混乱する人々に情報を伝え続けたそうだ。彼女らの働きでいったいどれだけの人命が救われただろうか。事前学習で９人の乙女の悲劇を描いた映画「氷雪の門」を見たが，その中での最後のシーン，彼女たちが「死にたくない」と叫ぶ声が忘れられない。

▶今日は樺太の名残がある地へと行った。これが今回の研修旅行の目的だと思っていて，旅行の気持ちを改めた。戦没者の慰霊碑がある場所では，当時本当に戦争がここであったとすごく痛感し，戦争というものが身近に感じられた。日本では戦争をあまり実感することはできなかったけど，ここの地を見た時にすごく戦争というものが恐ろしく感じられたと思う。献花をしている時は寒さを忘れ，本当に祈っていたと思う。日本領樺太だった当時の名残があったことに感動はしたものの，それが全て悲しい名残であることにショックを受けたのと同時に，昨日のことを思うとここは樺太ではなく，もうサハリンなんだなぁと思った。今日はサハリンという異国の地で日本というものを感じることができたと思う。特に「鎮魂」という慰霊碑を見た時には，なんだか漢字がとても懐かしく感じられた。今日は二度も献花をしたけれど，戦没者の慰霊碑での献花がとても心に残り，一生残る思い出となったと思う。

❸ 郷土資料館

▶ユジノサハリンスク市内の郷土資料館では，日本時代の樺太の様子やロシア侵攻後の様子を展示写真から知ることができた。また，アイヌの生活に関する展示もあって，時代や文化を感じるところであった。建物自体も日本時代のものを利用しており，サハリンの中に日本を感じることができた。

▶日露戦争後に北緯50度以南が日本領となったときに置かれていた境界石を見た。「大日本帝国境界」と日本語が書いてあるのを見て，本当に昔ここが日本領であったのだということを実感することができた。

❹ スーパーマーケット

▶市内のスーパーマーケットでは店のレジの人が座っているのを見て，日本では考えられない光景だなと思いました。店内にはさまざまな食べ物が並んでいて，そこは日本と同じだと思いました。ロシアでは客よりも店員のほうが偉いということを知り，日本との違いを見つけることができて面白かった。

❺ 一日を通して

▶今日は朝食の時にウェイトレスさんがお皿を出すたびにロシア

語で何かを話してくれる。何を言っているのかはっきりとはわからないが，ちゃんと伝えようとしてくれたので，何となく理解できた。こういうことが大事なんだな。

▶今日は，まず熊笹峠に行った。熊笹峠は，僕がこの旅で一番興味があって行きたいと思っていた場所だった。事前に勉強していたことでは，この熊笹峠で日本が，必死に抵抗していなければ，北海道がソ連に占領されていたかもしれない，とのことだった。そんなことを考えながら，そこで戦った両軍の兵士に敬意を表しつつ，平和の大切さというのを感じることができた。本当にありがたいが，悲しい出来事だと思った。こう思えたのは事前学習をしたからだ。勉強してから来てよかった。

その次の真岡では，旧王子製紙工場と慰霊碑に行った。旧王子製紙工場は想像していたよりも古くなっていてボロボロだったので，日本人が暮らしていた歴史を感じた。町はもうロシアのようになってしまったが，壊されずにしっかりと残っているところにサハリンの特徴を感じた。その次に慰霊碑に行った。そこで僕は，碑に日本から持参した名水をかけた。かけている時にそこに住んでいた人のことを考えて苦しい気持ちになった。戦争はなくなったらいいと思った。

その次に展望台に行ったが，ホルムスクの町は海のすぐ近くで，こんなに近い海から艦砲射撃されたらひとたまりもなかったろうと想像できた。

その帰りにイクラの養殖場に行った。そこで会った気さくなおばさんは，本当に元気がよくておもしろかった。言葉はわからなかったけど，身振り手振りをしてくれたので，言いたいことはわかった。この村ではサハリンの人たちの仕事場を通して生活を垣間見ることができた。

今日は一番思ったのが，事前の勉強が大事だということだった。勉強していなければ感じることがなかったんじゃないかと思う。あと，ロシア語をもうちょっと勉強しておけば，おばさんの話も聞けたんじゃないかと思って，少し残念だった。

5　10月10日（研修旅行5日目）

10月10日／行程表

7：00―朝食
7：30―ホテル発，コルサコフへ
8：30―コルサコフ港着，乗船手続き
10：00―アインス宗谷にて稚内港へ
　ここから日本時間【－2時間】
13：30―稚内港着，入国手続き，メディアの取材を受ける
14：30―稚内港発，稚内公園へ
14：50―稚内公園（開基百年記念塔，北方記念館，氷雪の門）
16：00―稚内公園発
16：30―稚内空港着
17：35―稚内空港発，新千歳空港へ
19：25―新千歳空港発，羽田空港へ
21：00―羽田空港着，解散

早朝に荷物をまとめ，食事を済ませると，我々はホテルをあとにした。3日目に通った道を再びコルサコフへ向かう。白樺の並木や赤い実を付けたナナカマドの木々が見送ってくれた。コルサコフの港に着くと3日間お世話になった運転手さんとガイドさん

ともお別れである。生徒たちは，サハリンを離れる寂しさと日本に帰れる安堵の気持ちの両方を同時に感じていたに違いない。フェリーターミナルでは税関と「出国」のための審査を受ける。土産物くらいしか買っていないので生徒たちは問題なく税関を通過していくが，一人ずつ時間をかけてチェックされるので，どこか不安になる。山田が通る際には，検査官が，鞄の中にあった日本語で書かれた本を取り上げ，中をパラパラと見て確認した。歴史の本だったが，思想的に問題ありとされないか一瞬緊張したが，もうそのような時代ではないか。そもそもあの検査官は日本語を読めたのだろうか。

1｜帰国の途へ

パスポートに「出国」のスタンプを押され，フェリー乗り場まで運んでくれるバスを待つ。しかし，ここで30分以上待たされる。歩いていってもフェリーまで10分ほどの距離なのに。出入り口には銃を持った警備官がおり，密「入国」などを厳しく管理しているのだろう。乗船前に最後の「ロシアらしさ」を感じ，ようやくバスに乗り込むと，数分でフェリー前に到着，全員が無事に乗船した。

フェリーに乗り込むと，もう日本にいるような気分になる。帰りのフェリーでは，北海道庁の職員の方から記念品をいただいた。船内では生徒各自で研修の成果をまとめることとしていたが，特に講演会や研修プログラムを用意していたわけではなかったので，稚内までの時間が，往路よりはるかに長く感じられた。しかも帰りのフェリーは揺れに揺れ，多くの生徒はこれまでの疲れもあって，ぐったりとしていた。

帰りのフェリーは大いに揺れ，皆ぐったりとしていた。

そんな中で久しぶりに日本の新聞を目にすると，中杉生がサハリンの大学生と交流した記事が載っていた。後日わかったのだが，この間，北海道の新聞やテレビでは，東京の高校生がサハリンに修学旅行に行ったことが連日報道されていたらしい。稚内を出発するときに受けた取材が，ニュースになっていたのだ。船内の新聞には，日本の研究者４人がノーベル賞を受賞したというニュースも載っていた。しばらく日本の報道から遠ざかっていたのでこの間の世間の動きを把握できておらず，「浦島太郎」になった気分だった。

宗谷海峡を南下するにつれて携帯電話も受信できるようになり，サハリン以外のほかのコースの様子が写真付きメールで届き出した。どのコースも充実した研修が実施できたようで，後日各コースに参加した生徒たちに聞くと，誰もが「自分のコースが一番よかった」と感じているようだった。それだけ各コースが充実した内容であったということだろう。サハリンコースに参加した生徒たちももちろん，「サハリンコースに行ってよかった」と口にしていた。

フェリーが宗谷岬に近づくと，生徒たちはデッキに出て岬や港の風景を見ながら，フェリーの入港を待った。コルサコフを出航する際，そして稚内に入港する際には，樺太から引き揚げてきた当時の人々のことが頭をよぎった。我々を乗せたフェリーは無事に接岸し，下船して入国審査のためターミナルに進む。サハリンとは違いスムーズに流れ，あっという間に入国手続きが終了した。手続きを済ませて扉を出ると，大勢の出迎えの人々に囲まれた。出発のとき見送ってくださった稚内市職員の方々が，今度は「お帰りなさい！」という横断幕を持って出迎えに来てくださっていた。同時に新聞・テレビなどのメディアの方々も集まっていて，中杉生は取材ラッシュを受けた。それは出発のときの取材攻勢よりも華やかなものであった。しかし生徒たちは取材に対し，実際に現地で自ら感じたことを，借り物でない自分の言葉として語ることができたようだった。彼らの表情からも，その自信が表れているように感じられた。生徒が頼もしく感じられ，行くときとは別人になったと確かな手ごたえを感じたのは，教員の欲目だろうか。

2｜FM局のインタビュー

稚内のFM局が生徒にインタビューした記録が残っている。

質問　サハリン修学旅行，すごいですねぇ，お疲れさまでした。

▷ありがとうございます。

質問　どうしてこのコースを選んだの？

▷サハリンのこれまでの歴史を知り，「これからの経済発展につながるような知識を得られればなぁ」と思って，このコースを選びました。

質問　行ってみてどうでしたか？

▷やはり日本との違いがたくさんありましたが，いろんないい経験ができました。

質問　特にどんな経験ですか？

▷サハリンの日本軍が上陸した地からサハリンⅡが見渡せる場所があったりして，そういうところが何とも言えない光景でした。

質問　歴史的な部分を見てきたということですね。

▷はい，ほかにもサハリンⅡを見てきました。「これが世界の鍵を握っているんだなぁ」と，しみじみ感じました。

人生に役に立つ研修旅行でした。親にありがとうと伝えたいと思います。両親は，「がんばって勉強してきてね」と言っていました。

質問　一番印象に残っているのは？

▷日本時代の家が残っていて，そこに生活しているロシアの人がいることが印象に残りました。

質問　フェリーの乗り心地は？

▷帰りは揺れたけど，楽しかったです。

質問　外国に行った感じはありましたか？

▷ありました。海外は初めてなので，特に外国を意識しました。

質問　思い出に残っているのは？

▷ロシア料理はあまりおいしくないと最初聞いていたのですが，実際食べてみたらフツーにおいしくて，なんか，よかったです。スープやボルシチがおいしかったです。

3｜稚内にて

稚内に戻った我々は，最後の研修先として稚内公園に向かった。開基百年記念塔内部の北方記念館には，真岡郵便局の９人の乙女の写真もあった。日本時代の樺太の写真もたくさん展示されており，研修中に訪れた場所もいくつか確認できた。展望台からは天気がよければサハリンが見渡せるのだが，この日はあいにく曇っていて，サハリンの島影を見ることはできなかった。それでも生徒の心の目には，この先にあるサハリン・樺太がはっきりと映っていたことだろう。

北方記念館を出て，海峡を見渡せる丘の端に建てられている，「氷雪の門」のモニュメントの前に整列した。「氷雪の門」は，樺太で亡くなった日本人のための慰霊碑である。事前学習で観た映画「氷雪の門」に出てきた苦しむ女性の像もここにあった。脇には「九人の乙女の碑」もある。事前学習，現地での研修を終え，これまでの研修の成果を振り返り，樺太・サハリンと，それに関わった人々に思いを寄せる場として，最後に訪れるにふさわしい場所であった。実際に島に行き，多くのものを見てきた生徒たち，多くの人と触れ合ってきた生徒たちは，この慰霊碑の前に立って，さまざまな感情が湧き起こったことだろう。あの島からこちらに帰ってこられなかった人たち，こちらからあの島を眺めることしかできなかった人たちのことを想像してみる。生徒は今まさにこの海峡を渡ってきたのだ。海の向こうにあるサハリンを思いながら，中杉生は「氷雪の門」に向かって献花の後，最後の黙禱を捧げた。

開基百年記念塔。

「気をつけ。中央大学杉並高等学校45期生の研修旅行サハリン

「氷雪の門」の前で研修旅行最後の黙禱を捧げた。

コースのしめくくりに氷雪の門を訪れることができました。サハリンからの帰りにここの前に立つと感慨深いものがあります。ここでもう一度，樺太の開発に幾多の労苦を重ねた人々に思いを馳せるとともに，そこで尊い命を失った人々，その御霊の安かれとお祈りしたいと思います。重ねて，今後サハリンと我が国のあり方を真剣に考える若者としての思いを新たにしてほしいと思います。

それではあらためて樺太の地で尊い命を失った人々に対し，哀悼の誠を示したいと思います。黙禱」

菊地は静かに号令をかけた。

空港へ向かう途中，バスの中で生徒一人ひとりにマトリョーシカが配られた。往路のフェリーでお話を聞かせていただいた日本人ビジネスマンの一人，藤原さんが，サハリンから戻ってきた生徒にお土産として全員分を用意してくださっていたのだ。藤原さんたちに熱心に質問する生徒もいて，若者の交流の大切さやこの研修の意義を評価してくださったからだろう。大変うれしい心遣いに感謝するとともに，生徒たちにとっては本当によい旅の思い出の品となったことだろう。今後もあのマトリョーシカを見るたびに，サハリン研修旅行のこと，研修で出会った方々のことを思い出すに違いない。

空港に着くと，ここでも市役所の方が横断幕を持って見送ってくださった。行く先々であたたかく見守ってくださったことが印象的だった。有り難いことである。横断幕には「また遊びに来ればいいっしょ！」とあった。

飛行機は予定どおり稚内から札幌を経由し，全員無事に東京に戻ることができた。5日間時間をフルに活用し充実した内容の研修旅行となった。

4｜生徒の感想

❶ フェリー・宗谷海峡

▶帰りのフェリーはとても揺れて，私と友達数人以外は皆酔ってしまいました。遠ざかるサハリンを背に，いよいよ日本に帰れるとうれしくもあり，少し寂しかったです。

▶ 1945年の夏に北海道に戻っていった人々は，どのような思いでここを通ったのかを考えると，自分たちは幸せだと感じた。1945年には逃げ帰る船を潜水艦が攻撃していたなんて信じられないほど穏やかな海で，なんとも言えない気持ちになった。

❷ 開基百年記念塔・北方記念館

▶サハリンから稚内に戻った後，北方記念館を訪れた。ここでは

9人の乙女たちの実際の写真が展示されていて，今までは映画や人から聞く話でしか知らなかったこの悲劇を，まざまざと見せつけられたような気がした。実際の乙女たちの写真を見ると，本当にまだ少女たちであったことがわかる。そんな少女たちが，あんなにむごい死に方をしてしまったことを考えると，やはり今の日本の平和がどれほど貴重なものなのかがわかる。

▶最終日，私たちは稚内市にある北方記念館に行きました。そこで9人の乙女の写真を見ました。彼女たちは私と同じぐらいの年で戦争に巻き込まれて命を落としたのだとあらためて実感し，自分が同じ立場だったらきっとこんなことはできないだろうと思いました。「名誉の死」を重んじていた時代もあったけれど，今はそれを重んじる人は少ないでしょう。時代の流れに振り回されて大切な命を軽視してしまうような行為は絶対にしたくないと思いました。

▶事前学習で9人の乙女のことは勉強してきましたが，記念館でガイドさんが教えてくださったことは知らないことでした。実際に彼女たちの死は防ぐことができたかもしれなかったと聞いて，複雑な気持ちでいっぱいになりました。その話を聞いてから「九人の乙女の碑」を見たので，悔しい思いや悲しい思い，たくさんの思いが込みあがってくるのがわかりました。

❸ 氷雪の門

▶この碑は，宗谷海峡を渡れなかった人々を思い建立されたものですが，私たちは実際にサハリンを訪れた後にこれを見ることができたので，何とも言えない感慨深さを感じました。私たちが知らない歴史がそこにはあって，教えてもらわないと知ることができないのは大変切ないです。今回サハリンを訪ねたことは，私にとって本当に貴重な体験となりました。

▶目の前に立つと，前日訪れた真岡が思い出された。寂れてしまった真岡，帰ってこられなかった9人の乙女たち。人通りの少ない町をぞろぞろと歩いている私たち学生は確かに異質で浮いた存在に見えただろうと思ったが，この場所で祈るときばかりは，このために私たちはここまで来たのだと思えた。5日間が一瞬に思えるような密度の濃い研修旅行だった。

▶最初に氷雪の門のモニュメントを見たときは，なんだか不恰好な像だと思いましたが，先生からこの像が表しているものを話してもらうと，本当にさまざまな思いが込められているのだと理解しました。当時の人たちの思いがこのような形で残されているのはとてもすばらしいことだと思います。サハリンで見てきた慰霊碑よりも印象深かったです。長かった研修旅行中，気が抜けてしまった時もありましたが，最後の最後に氷雪の門のモニュメントを見て気が引き締まりました。本当に最後に来るのにふさわしい場所だったと思います。北海道に行く時はまた寄りたいと思いました。

第 5 章
事後指導

1　報道されたサハリン・樺太コース

サハリン・樺太コースは事前学習の段階から報道され始めた。北海道ではちょっと有名になっていたようだった。ほかのコースの生徒が行く先々で「テレビで観たよ」「サハリンに行った学校でしょ」などと声をかけてもらったということだった。

通常の授業が始まって，生徒の一人が，『東京新聞』の切抜き（2008年10月18日付）を持ってきてくれた。それは投書欄の切抜き。「修学旅行は歴史触れて」と題された札幌の方の投書だった。中杉の研修旅行を取り上げて，「『引き揚げ』という言葉も死語になりつつある現在，十代の高校生がディズニーランドよりも，歴史を感じるサハリン州を修学旅行で訪れることには意義がある。まだ1校だけの取り組みのようだが，徐々に拡大していくことを望む」と記されていた。

それ以外にも報道をご覧になった方から手紙や著書を送っていただいた。樺太連盟の方や豊原市長のお孫さんからも手紙をいただいた。そのたびに，この研修旅行の社会的な意味をひしひしと感じたものであった。その後菊地と山田はいくつか報告書を書くことになる（『日本とユーラシア』2009年1月，『パピルス』2009年2号，『教育旅行』2009年8月号，『南甲』2009年7月など）。

菊地も山田もこんなに反響があるとは思ってもいなかった。「樺太・サハリンに対して深い思いのある方が世の中には多いのだなぁ」としみじみと感じた。教育旅行の地としての樺太・サハリンは魅力に満ちているのだ。

2　研修旅行を記録する

研修旅行が終わり，2週間が経ったころ，ユジノサハリンスクから出したハガキがそれぞれの家に届き始めた。全員が家族にハガキを出していたのだ。「ロシアにいる今だから書けることを書いておこう」。生徒は「えーっ」と言いながらも照れたような面持ちでハガキを受け取っていた。そのハガキが，ようやく届いたのだ。

2週間もかかって届いたハガキ。おそらくハガキはサハリンからロシア本土に渡り，日本に届いたのだろう。長い旅をしてきたハガキを前に，家族とどのような会話がなされただろうか。こんな仕掛けを，教員は楽しんでいたのだ。

そして生徒は，「研修旅行の記録」を作成することになる。写真を貼付したり切符や思い出の紙片を貼付したりして，コメントを記入するシートが用意された。この「研修旅行の記録」が綴じ込まれると，研修旅行ファイルが完成することになる。生徒はおおむね楽しそうに作業していた。こういうアウトプットの作業は，生徒の得意とするところだ。それぞれ自分の色に染めた研修旅行ファイルが作られていった。

菊地がユジノサハリンスクから自宅に送ったハガキの消印。

中央大学杉並高等学校　４５期生　研修旅行の記録　サハリン　コース

2008年10月 6 日

場所：宗谷岬、宗谷岬公園

備考：今日の夕食はタコしゃぶでした☆日本最北端の駅では証明書も買いました！

樺太が島であることを発見した間宮林蔵。

ДОБРО ПОЖАЛОВАТЬ!
Это вамна память о том, что вы были на мысе Соя-самой северной точке Японии.
(45 градусов 31 мин. северной широты)
最北端
20.10.-6
到達日
Мэр города Вакканай ЁКОТА КОУИТИ
Сахалин, который видно от мыса Соя

日本最北端の地

私たちの研修旅行が始まりました！
稚内空港に着くと、市の方々が横団幕を広げてお迎えしてくれました。左の最北端到達日の印が押してくれたカードも私たち全員にプレゼントしてくれたものです。（本当は有料のものです）ごまちゃんという稚内のキャラクターストラップも頂きました。
日本最北端の宗谷岬でパチリ。これはアジア系の外国人の夫婦に撮ってもらいました。私が撮ったものも上手に写っているといいな。稚内の交通看板には、日本語と英語と、そしてロシア語が書かれていました。私たちが住んでいる日本は、そして稚内は、肉眼で見ることのできるほど近くにヨーロッパがあるんだと今更ながらこれで痛感しました。

2年　5 組　36 番　氏名　藤井彩香

わずか43km先にサハリンが！

中央大学杉並高等学校　４５期生　研修旅行の記録 サハリン コース

2008年10月7日

場所：アインス宗谷の上

備考：国境を越えます！

フェリーの上からうっすら
見えたサハリンです。
序々に圏外になっていく…

ー株式会社ハートランドフェリーの定期便アインス宗谷に乗ってサハリンへー
フェリー出港の時間までは取材の方々と話をしていました。
一番上の写真はフェリーがロシアとの国境に入るときです。入るときにロシアの国旗を上げ、帰ってくるときはその旗を下げます。あまり目にすることのない国際関係を、実際に目で見た瞬間でした。そして携帯電話は圏外に…

2年 1組 26番 氏名 加藤 夕可里

中央大学杉並高等学校　４５期生　研修旅行の記録　サハリン　コース

2008年10月8日

場所：コルサコフ

備考：

コルサコフの見晴らしのいい所（展望台？）から

↓

↑

これを撮影している場所の横には軍の施設があり、写真を撮ると日本に帰れないそうな…

上の写真は、コルサコフの日本軍の上陸記念碑がある場所で撮りました。ここは面白い所で、サハリンの今と昔が目に見えるところでした。天然液化ガスのプロジェクトサハリンⅡを行っている今と日本軍上陸記念碑の昔。近代化していってるな～と実感した場所の一つです。

2年　1組　26番　氏名　加藤夕可里

中央大学杉並高等学校　４５期生　研修旅行の記録 サハリン **コース**

2008年10月8日

場所：経済情報法律大学

備考：交流会

この日は経済情報法律大学の大学生たちと交流しました。私の隣にいた男の人は日本語も英語もすごくよく話していましたが、私たちのペアとなったこの女の人は日本語も英語も話せず、私たちもロシア語が分からないので、全く言葉が通じず、あまり話ができませんでした。そこで、絵を書いたり、折り紙で鶴やふうせんを一緒に折るなどして交流しました。本当にあっという間でした。私はこの交流のあとに自分が少しでもロシア語の勉強をしていたら少しは会話ができたかもしれないなと思いました。

資料貼付欄

2年 1組 34番 氏名 中尾 はるか

中央大学杉並高等学校　４５期生　研修旅行の記録　サハリン　コース

2008年10月9日

場所：旧真岡／ホムルスクにて

奥に見えるのがホムルスク港です。

撮影するのが、もしかしたら不謹慎かとも考えたのですが、記録するために撮ることにしました。旧真岡／ホムルスクはサハリンでの戦争で1番被害がひどかったところです。上写真はソ連側の戦勝記念碑。すぐそばには左写真があり、日本兵はここでソ連兵を向かえ討っていたそうです。60年以上たったあとに、研修旅行として高校生が同じ地に訪れるなんてその頃の人はちっとも想像していなかったにちがいないでしょう。

2年　5組　36番　氏名　藤井 彩香

中央大学杉並高等学校　４５期生　研修旅行の記録 サハリン **コース**

2008年10月9日

場所：店(昼食)

備考：店内

資料貼付欄

ロシア(サハリン)ではお客よりもお店の人が偉いという旧ソ連時代からの考え方があります。だから大抵お店の人は無表情で、料理を運ぶのもゆっくりです。この日私たちはテーブルの上においてあるナプキンで鶴を折っていました。すると今まで無表情だったお店の人が少し笑顔になって私たちの方を見ていました。そして最終的には緑色の紙を持ってきて、これで鶴をつくってくれと言われました。一番小さい鶴を1円玉と比較するために一緒に置いておいたらその1円玉も喜んでくれました。思わぬところで交流し、また折り紙ってすごいとも思いました。

2年 1組 34番 氏名 中尾はるか

3　手紙で気持ちを伝える

また，生徒はお世話になった方々に礼状を送った。それぞれ分担して。正式な手紙の書き方を初めて習った生徒も多い。身内でない大人に手紙を書くのも初めてなのだ。縦書きで手紙を書くのは初めてという生徒もいた。「中央大学杉並高等学校四十五期箋」と刷り込んだ用紙を準備し，全員がお世話になった誰かしらに礼状をしたためることになった。どのコースでも同様に礼状が作成され，そのうち何件かは，先方からも返信をいただくことになった。

サハリンコースでは，稚内市役所の皆様から返信をいただくことができた。お世話になった方々の細やかな心遣いに，あらためて感謝することになる。

また，ハートランドフェリーの今昭人氏と今回の研修旅行に同行してくれた山﨑光紀氏からも以下の文章が寄せられた。

❶ハートランドフェリー，今昭人氏からのメッセージ

20年勤務していた会社が，民事再生法を適用し営業権譲渡した際に経営企画担当であった私は譲渡完了後退職し，ハートランドフェリー株式会社（旧社名：東日本海フェリー㈱）に入社しサハリン航路の営業を始めました。

尊敬する恩師がシベリヤ抑留経験者であり，日ごろ穏やかな恩師がロシアに対しては憎悪を剝き出しにしていたことは，ロシアに対しての感情の私の基盤でした。また1983年に乗員乗客合わせて269人全員が死亡した大韓航空機には，高校の同級生の家族も含まれており，事件報道を聞きながら戦争でも起きるのではな

いかという当時の不安感を，未だに忘れられません。また初めてロシア領事館を訪れた際には「隠しカメラは何処だ？」，「KGBは？」と思ったものです。

そのような私がサハリン営業をどのように進めるか悩んでいるときに，旅行会社からの「サハリンへの修学旅行は可能でしょうか？」と電話がかかってきました。これがすべてのスタートでした。

子供には，歴史を知り，異なる価値観や風習，文化を学んで過去を乗り越える力をつけてほしい。周りの風評や偏見をなくすには純真な子供の目で見て，感じて，わからないことがあれば自ら調べる。偏見のある大人の意見はあくまでも参考程度に。そのような思いで進めた中でのコアは政治的な要素は，大人の責任において除去するということでした。ほとんどはガードできましたが，旅行行程中に日本領事館の講演がプラスされ，生徒さんたちには申し訳なかったと思っています。

サハリンへの研修旅行に行かれた生徒さんのみでなく，すべての生徒さんの前途洋洋である，これからの人生において，平和の大切さや価値観や意識の違い，情報の収集の大切さや情報のあいまいさ等，偏見による差別なども含めて，皆さんの純粋な目でいろいろと見てください。答えは同じではないのです。貴方が感じたことが，貴方にとっての答えです。そしてその答えも変化してもいいのです。すべてを含んで答えなのです。無知が差別を生むことをわかってください。

そして，人との出会いが財産なのです。私も今回のことで菊地先生との出会いが財産になりました。たぶん，私が学生のころでしたら苦手なタイプの教諭だと思います。菊地先生が苦手な生徒さん，将来社会人になった後に悩んだら菊地先生の奢りで一杯飲みながら人生相談をしたら，きっと人生の道標になってくれると思いますよ。

中央大学杉並高校は僕にとっての第2の母校です。名誉卒業生になりたいくらいです。

最後に私が尊敬する日本サッカーの父であるデットマール・クラマー氏の言葉で結ばせてもらいます。『物を見るのは精神であり物を聞くのも精神である。眼それ自体は盲目であり耳それ自体は聾である』。

❷ ハートランドフェリー，山﨑光紀氏からのメッセージ

研修旅行に同行した私の目から見た高校生の姿を報告させていただきたいと思います。

研修旅行へ同行する前，弊社の今が東京へおじゃましたり，各方面の方々が生徒さんへ講演をしたりと，サハリンへ渡るに当たり，先生方が非常に熱心に生徒さんへ知識を得る機会を提供していることをうかがっていました。もちろんサハリンへの出発後も，予定がきっちりと組まれていました。

研修旅行自体は，非常に生活態度の良い生徒さんたちだったので大きな問題が起きることもなく，予定通りにスケジュールを消化できたと思います。もちろん私の目の届く範囲においてではありますが，先生のおっしゃることも素直に聞くことのできる優秀な生徒さんたちに思いました。

私が初めてサハリンを訪れたのは，1997年の学生の時でした。一緒に行ったのは20歳を過ぎた学生がほとんどでしたが，自由時間に外出し，ユジノサハリンスクの地元の少年たちにからまれて物を取られたり，叩かれたりと，大事には至りませんでした

が，問題がいくつか起こりました。研修旅行に同行することが決まった時，このような問題が起こらなければよいなと心配しましたが，これは杞憂に終わりましたので，生徒さんたちの生活態度の良さが私の印象に際立って残りました。

研修旅行は予定が組まれているものを受動的に消化し，生徒さんたちが能動的に，自らの積極性で動く機会が多くあるものではありませんでしたが，サハリンの大学生と交流した時のように，興味のあるものには積極性をもって，自らの目や耳をもって確認し，自らの知識を増やしてほしいと思います。

研修旅行の行き先をサハリン，かつては樺太と呼ばれた島に選んだ彼らは，この研修旅行を通して，今までにはない刺激を受けたと思います。一般的に，何万人もの日本人が樺太に住んでいたという歴史上の事実は，あまり広く知られていません。樺太は，現在，サハリン島と呼ばれロシア人が住んでいます。歴史の狭間で日本とロシアの多くの人が行き交い，今もまた同様です。

サハリンが生徒さんたちの目にどのように映ったか，私は非常に興味があります。どのような感想をもち，どのような形でこの経験が生きるのか。私の希望として，今はロシアの領土として存在するサハリン島へ渡ったことは忘れないでほしいと思います。今回の旅を，これからさまざまな人と出会い，別れ，いろいろな場所を訪れるだろう皆さんの思い出，経験の一つとして記憶にとどめてもらえれば非常にうれしく思います。

4　緑苑祭（文化祭）での発表

中杉の文化祭は「緑苑《りょくえん》祭《さい》」という。ここで各コースが研修旅行の報告を行った。教室を二つ借りて大規模な報告となった。生徒たちは自分のクラス展示の手伝いに忙しい中，一所懸命に研修旅行の部屋を作っていた。そこには行程を示した地図や訪問先の写真，購入してきたお土産などが所狭しとと並べられた。新聞記事も張り出された。ニュース映像もPCを使って紹介された。生徒は，「こんなにいろんなことしてたんだね」などと言いながら，どう整理して紹介するか迷っていたようである。

また，わざわざこの緑苑祭に足を運んでくださった方もいらした。ニュースを聞いて手紙をくださった元豊原市長のお孫さんである。さっそく生徒とお話をしてくださった。とてもうれしそうに話してくださり，生徒にとっても有意義な時間になった。本当にありがたいことである。そしてその発表の締めくくりに，教員が書いた謝辞がある。

謝　　辞

45期生の研修旅行が無事に終了した。ここに報告させていただいたように，研修旅行すなわち教育の機会としての役割をしっかりと果たして。

研修旅行の事前学習をしていて感じたこと。知ろうとしないと何も知ることができないということ。そして知ろうとしたら「知ってほしい」と思う方に恵まれていった。なんと幸いなことであろう。教員が準備し得たことに増して，「知ってほしい」と思う方々が用意してくれたことが多い。

45期生は幸せ者である。中央大学杉並高校は幸せな学校である。

あまりに多くの方にお世話になった。ここに一人ひとりを記すことはできないが，衷心より御礼申し上げたい。多くの方が「教育」に真摯に取り組んでくれたのだ。社会はそんな人に満ちている。そう思わせてくれた。うれしい。本当にうれしい。

45期生一人ひとりがこの研修旅行をきっかけに何かを考え，何かを思い，何かを語り始めてほしいと思う。そんな一人ひとりの今後が，お世話になった多くの方々に対する恩返しということになるだろう。

私たちは胸を張って言おう，おかげ様でほかに類を見ない充実した研修旅行という刺戟を用意できたと。

どうもありがとうございました。

そしてこの展示をご覧くださった皆様にも御礼申し上げます。

中央大学杉並高等学校第45期スタッフ一同

そして，サハリンコースの展示の最後に掲げた教員のコメント。

私たちはこんなに反響があるなんて思ってもみませんでした。樺太・サハリンに対して深い思いのある方が世の中には多いのだなぁとしみじみと感じます。教育旅行の地としての樺太・サハリンは魅力に満ちています。

私たち教員は何かの答えを確認するために旅行を企画したのではありません。混沌とした現実に振り回されていく「人」，その「人」と「社会」をしっかり認識することが，次の社会を担っていく若者に必要だと思っているのです。

自分の目で見ることこと，自分の身体で感じること，自分の頭で考えること，そして自分の言葉で語ること，そんなことを大切にしてほしいと思っています。

今回の樺太・サハリンの研修旅行は，旅行中もさることながら，事前にも事後にも教育的刺戟を多くもつことができました。「知る」ということが一人ひとりの何かにつながっていく。そんな素敵な研修旅行でした。

皆さんありがとうございました。

こうして第45期のサハリン研修旅行はその教育的意義を果たし，無事終了したのである。

おわりに

拙い記録を最後までお読みいただきありがとうございました。

「教育旅行」の地としてサハリン・樺太は魅力に満ちています。そんな思いが伝わってほしいと願っています。

自分で知ろうとしなければ，何も知ることができない「サハリン・樺太」。そして，「知ろう」とすると，「知ってほしい」と願う人々に囲まれていきました。そういう素敵な人と人との繋がりを実感できる，素晴らしい教育実践になりました。このような研修旅行を実施できたことを，心から嬉しく思っています。そして誇らしく思っています。

5コースで行われた研修旅行のすべてのコースで，生徒も教員も同様の喜びを感じているはずです。本書は「サハリン・樺太」コースのみの報告になりました。有機的に結びついている5コースすべての報告ができなかったことを，少々残念に思います。

この研修旅行に参加したした生徒も，この3月に大学を卒業します。この記録をまとめるのに，とうとう6年間もかかってしまいました。この間，東日本大震災も起こりました。社会は大きく変わっています。就職の報告に来る45期の生徒たちは皆，逞しい姿に変わり，頼もしい顔になっています。私たちの高校を卒業して何を学び，何を経験してきたのでしょうか。その逞しさのどこかに中央大学杉並高校での3年間が活きているのではないか，そんな思いに駆られてしまうのは「教員バカ」というものでしょうか。

本書作成までにこれほど時間がかかってしまったのは，すべて菊地の怠惰に起因しております。ご迷惑をおかけしてしまった各方面にお詫び申し上げます。それにもかかわらず支えてくださった皆様のおかげで，ようやく上梓することができました。本当にありがとうございました。また，研修旅行後，不慮の事故で泉下に旅立たれたサハリン日本人会会長の奈良博氏のご冥福をお祈りいたします。

本文の中に記された方々のみならず，実に多くの皆様のご尽力を賜りました。改めて，この研修旅行のためにご尽力くださった皆様，そして本書完成までお導きくださった皆様にお礼申し上げる次第です。

そんな皆様に報いるためにも，今後とも中央大学の附属高校だからこそ実践できる教育について愚考し，行動してゆくつもりでおります。ご批正賜れば幸いです。

2014年2月22日

49期生東北研修に同行し気仙沼大島にて記す

菊地明範

・飯田和夫『激動の樺太より生きて祖国に帰還して』鳥影社，2004年。
・伊藤孝司『写真記録 樺太棄民――残された韓国・朝鮮人の証言』ほるぷ出版，1991年。
・大泰司紀之・本間浩昭『カラー版　知床・北方四島――流氷が育む自然遺産』岩波新書，2008年。
・大沼保昭『サハリン棄民――戦後責任の点景』中公新書，1992年。
・小川峡一『樺太・シベリアに生きる――戦後60年の証言』社会評論社，2005年。
・金子俊男『樺太一九四五年夏――樺太終戦記録』講談社，1972年。
・樺太神社社務所『官幣大社樺太神社志要』樺太神社社務所，1936年。
・川嶋康男『九人の乙女 一瞬の夏――「終戦悲話」樺太・真岡郵便局電話交換手の自決』響文社，2003年。
・――『「九人の乙女」はなぜ死んだか――樺太・真岡郵便局電話交換手集団自決の真相』恒友出版，1989年。
・神沢利子『流れのほとり』福音館文庫，2003年。
・『新校本宮澤賢治全集第十巻』筑摩書房，1995年。
・国書刊行会編『目でみる樺太時代』国書刊行会，1986年。
・JTB『ワールドガイド　サハリン・カムチャッカ』2007年。
・司馬遼太郎『オホーツク街道―街道をゆく〈38〉』朝日文芸文庫，1997年。
・『東京新聞』2008年10月18日付。
・富井節子『大正・昭和・平成を生きて　樺太野田から敷香へ・小樽・横浜』2009年。
・『日本近代文学大系〈36〉高村光太郎・宮沢賢治集』角川書店，1971年。
・北海道新聞社編『慟哭の海：樺太引き揚げ三船遭難の記録』北海道新聞社，1988年。
・三木理史『国境の植民地・樺太』塙選書，2006年。
・道下匡子『ダスビダーニャ、わが樺太』河出書房新社，1996年。
・村上春樹・吉本由美・都築響一『東京するめクラブ　地球のはぐれ方』文春文庫，2008年。

中央大学「125ライブラリー」 刊行のことば

1885年に英吉利《イギリス》法律学校として創設された中央大学は2010年に創立125周年を迎えました。これを記念して，中央大学から社会に発信する記念事業の一環として，「125ライブラリー」を刊行することとなりました。

中央大学の建学の精神は「実地応用の素を養う」という「実学」にあります。「実学」とは，社会のおかしいことは“おかしい”と感じる感性を持ち，そのような社会の課題に対して応える叡智を涵養《かんよう》するということだと理解しております。

「125ライブラリー」は，こうした建学の精神のもとに，中央大学の教職員や卒業生などが主な書き手となって，広く一般の方々に読んでいただける本を順次刊行していくことを目的としています。

21世紀の社会では，地球環境の破壊，社会的格差の拡大，平和や人権の問題，異文化の相互理解と推進など，多くの課題がますます複雑なものになっています。こうした課題に応える叡智を養うために「125ライブラリー」が役立つことを願っています。

2011年3月　中央大学学長　永井和之

編著 菊地 明範（きくち・あきのり）▶中央大学杉並高等学校国語科教諭。1963年埼玉県生まれ。中央大学附属高校から中央大学文学部，中央大学大学院博士課程前期・後期で学んだあと，1991年に韓国暁星女子大学校専任講師を経て1993年から中央大学杉並高校の教員になる。中央大学の附属であることにこだわった古典の授業を展開して20年。同じこだわりをもって中杉だからできる「何か」を模索し続けている。落語研究会顧問。防災士。共著に『小倉和歌百首註尺』（桂書房），『栄葉集上・下』（古典文庫），『にほんご新標準日語教程 中級1・2』（大連出版社）などがある。

編著 山田 篤史（やまだ・あつし）▶中央大学杉並高等学校地理歴史科教諭。1976年愛知県生まれ。一橋大学社会学部，一橋大学大学院社会学研究科修士課程・博士課程でヨーロッパ社会史を専攻し，2004年から現職，主に世界史を担当。専門はドイツ近世社会史だが，大学・大学院ではロシア史を専門とする教官から指導を受けたことから，ロシアの歴史や文化にも興味を持つ。学生時代から世界各地を旅し，ロシアではモスクワからシベリア鉄道でウラル山脈の東のエカチェリンブルクまで，サハリン・樺太では北緯50度以北まで訪れた。

125ライブラリー 009

高校生が見たサハリン・樺太
中央大学杉並高校研修旅行の記録

2014年3月28日　初版第1刷発行

編著者　菊地明範・山田篤史
発行者　遠山　曉
編集　125ライブラリー編集委員会
発行所　中央大学出版部
東京都八王子市東中野742-1　〒192-0393
電話 042-674-2351　FAX 042-674-2354
http://www2.chuo-u.ac.jp/up/
装幀　松田行正
印刷・製本　藤原印刷株式会社

ISBN978-4-8057-2708-9